Proust zum Vergnügen

Proust zum Vergnügen

Herausgegeben von Bernd-Jürgen Fischer

Mit 18 Abbildungen

Reclam

RECLAMS UNIVERSAL-BIBLIOTHEK Nr. 19428

Umschlagillustration: Nikolaus Heidelbach, Köln
Gesamtherstellung: Reclam, Ditzingen. Printed in Germany 2017
RECLAM, UNIVERSAL-BIBLIOTHEK und
RECLAMS UNIVERSAL-BIBLIOTHEK sind eingetragene Marken
der Philipp Reclam jun. GmbH & Co. KG, Stuttgart
ISBN 978-3-15-019428-7

Auch als E-Book erhältlich

www.reclam.de

Inhalt

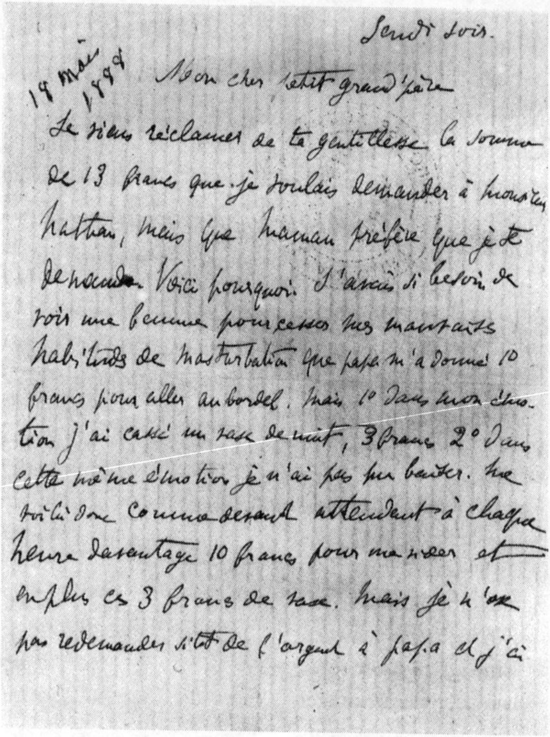
18 mai
1888

Jeudi soir.

Mon cher petit grand'père

Je viens réclamer de ta gentillesse la somme de 13 francs que je voulais demander à Monsieur Nathan, mais que maman préfère que je te demande. Voici pourquoi. J'avais si besoin de voir une femme pour cesser mes mauvaises habitudes de masturbation que papa m'a donné 10 francs pour aller au bordel. Mais 1° dans mon émotion j'ai cassé un vase de nuit, 3 francs 2° dans cette même émotion je n'ai pas pu baiser. Me voilà donc comme devant attendant à chaque heure davantage 10 francs pour me vider et en plus ces 3 francs de vase. Mais je n'ose pas redemander sitôt de l'argent à papa et j'ai

Die Datierung oben links dürfte der Eingangsvermerk des Großvaters Nathé Weil sein, denn der nächstgelegene »jeudi soir« (Donnerstagabend) war am 17. Mai 1888.

Notgroschen

Donnerstagabend

Mein lieber, guter Großpapa,

ich möchte Deiner Liebenswürdigkeit die Summe von 13 Francs abschwatzen, um die ich eigentlich Monsieur Nathan hatte angehen wollen, aber Maman sieht es lieber, wenn ich Dich darum bitte. Und zwar aus folgendem Grund. Ich musste so dringend eine Frau aufsuchen, damit ich meine schlechte Gewohnheit, zu masturbieren, ablege, dass Papa mir 10 Francs für einen Besuch im Bordell gegeben hat. Aber 1. habe ich in meiner Aufregung einen Nachttopf kaputt gemacht, sind 3 Francs, und 2. konnte ich wegen der gleichen Aufregung nicht mehr vögeln. Nun warte ich also stündlich auf weitere 10 Francs, um mich zu entleeren, und zusätzlich die 3 Francs für den Nachttopf. Aber ich mag Papa nicht so schnell wieder um Geld bitten und darum habe ich gehofft, dass Du mir unter diesen Umständen zu Hilfe kommen würdest, von denen Du ja weißt, dass sie nicht nur außergewöhnlich, sondern auch einzigartig sind: das passiert nicht zweimal im Leben, dass man zu aufgeregt ist, um vögeln zu können …

In utero.

Chronique scandaleuse

Wenn Françoise, nachdem sie überprüft hatte, dass meine Eltern auch alles hatten, was sie brauchten, ein erstes Mal hinaufstieg zu meiner Tante Léonie, um ihr das Abführmittel zu geben und sie zu fragen, was sie zum Essen wünsche, kam es nur höchst selten vor, dass meine Tante versäumt hätte, ihre Ansichten oder Erklärungen zu irgendwelchen bedeutenden Ereignissen von sich zu geben: »Françoise, stellen Sie sich vor, Madame Goupil ist über eine Viertelstunde zu spät vorbeigekommen, um ihre Schwester abzuholen; wenn sie sich weiter so auf ihrem Weg aufhält, würde es mich überhaupt nicht wundern, wenn sie erst nach der Erhebung zum Gebet ankäme.« – »Ach je!, das wäre gar nicht verwunderlich!« antwortete Françoise. – »Françoise, wenn Sie fünf Minuten früher gekommen wären, hätten sie Madame Imbert vorbeigehen sehen können, mit Spargeln, doppelt so dick wie die von Mutter Callot; versuchen Sie doch, bei ihrem Dienstmädchen herauszufinden, wo sie die hergehabt hat. Wo Sie uns dieses Jahr an alle Saucen Spargel geben, hätten Sie die gleichen auch für unsere ›Reisenden‹ nehmen können.« – »Das wäre gar nicht verwunderlich, wenn sie vom Herrn Pfarrer kämen«, sagte Françoise. – »Ah!, das soll ich Ihnen glauben, meine liebe Françoise«, antwortete meine Tante und zog die Schultern hoch, »vom Herrn Pfarrer! Sie wissen genau, dass er nichts als erbärmliche, kleine, wertlose Spargel ziehen kann. Ich sage Ihnen, diese da waren dick wie ein Arm. Nicht wie Ihrer, das wohl nicht, aber wie mein bedauernswerter Arm, der dieses Jahr schon wieder magerer geworden ist. – Françoise, Sie haben wohl nicht dieses Geläute gehört, das mir fast den Kopf gesprengt hat?« – »Nein, Madame Octave.« – »Oh!, mein armes Kind, Sie müssen wirklich einen harten Kopf haben, Sie sollten dem lieben Gott dafür danken. Das war Magelone, die den Doktor Piperaud abgeholt hat. Er ist gleich mit ihr los, und sie sind in die Rue de l'Oiseau eingebogen. Irgendein Kind muss krank geworden sein.« – »Ach je!, mein Gott«, seufzte Françoise, die nicht ohne Jammer und Klage von einem Unglück hören konnte, das einen Unbekannten befallen hatte, sei es auch im hintersten Winkel der Welt. – »Aber Françoise, für wen hat man eigentlich die Totenglocke geläutet? Ah!, mein Gott, das war für Madame Rousseau. Beinahe hätte ich vergessen, dass sie letzte Nacht gestorben ist. Ah!, es ist Zeit, dass der liebe Gott mich zu sich ruft, ich weiß gar nicht mehr, wo ich meinen Kopf habe, seit mein lieber Octave gestorben ist. Aber ich halte Sie auf, mein Kind.« – »Aber nicht doch, Madame Octave, meine Zeit ist nicht so kostbar; derjenige, der sie gemacht hat, hat sie uns nicht verkauft. Ich gehe nur nachschauen, ob mein Feuer nicht ausgeht.«

In dieser Weise würdigten Françoise und meine Tante gemeinsam im Laufe dieser Morgensitzungen die ersten Ereignisse des Tages. Zuweilen jedoch nahmen diese Ereignisse einen so befremdlichen und bedeutsamen Charakter an, dass meine Tante spürte, sie würde den Zeitpunkt, zu dem Françoise herauf käme, nicht abwarten können, und dann hallten vier energische Klingelzeichen im Hause wider. – »Aber Madame, es ist doch noch nicht die Zeit für Ihr Abführmittel«, sagte dann Françoise, »hatten Sie einen Schwächeanfall? « – »Aber nein, Françoise, das heißt, doch, Sie wissen ja, dass inzwischen die Augenblicke, in denen mir nicht schwach ist, recht selten geworden sind; eines Tages werde ich dahingehen wie Madame Rousseau, ohne auch nur die Zeit zu haben, es zu merken; aber nicht deshalb habe ich geläutet. Sie werden es nicht glauben, aber ich habe soeben leibhaftig Madame Goupil mit einem kleinen Mädchen gesehen, das ich so ganz und gar nicht kenne. Laufen Sie doch und holen Sie Salz für zwei Sous bei Camus. Das wäre doch seltsam, wenn Théodore uns nicht sagen könnte, wer das ist.« – »Aber das muss die Tochter von Monsieur Pupin sein«, sagte Françoise, die sich lieber an eine naheliegende Erklärung hielt, besonders, da sie schon zweimal seit dem Morgen bei Camus gewesen war. – »Die Tochter von Monsieur Pupin! Ah!, und das soll ich Ihnen glauben, meine liebe Françoise! Wie hätte ich sie denn dann nicht erkennen sollen!« – »Aber ich meine ja nicht die große, Madame Octave, ich meine den Wildfang, der in Jouy in Pension ist. Ich glaube, ich habe sie diesen Morgen schon gesehen.« – »Ah!, das wäre denkbar«, sagte meine Tante, »sie muss dann für die Feiertage gekommen sein. Das wird's sein. Dann ist es nicht mehr nötig, nachzufragen, sie wird für die Feiertage gekommen sein. Aber jetzt werden wir gleich Madame Sazerat sehen können, wie sie bei ihrer Schwester klingelt, um sie zum Essen zu besuchen. Doch, das wird's sein. Ich habe ja den Kleinen der Galopins mit einer Torte vorbeigehen sehen! Sie sollten nachsehen, ob die Torte nicht zu Madame Goupil geliefert worden ist.« – »Wenn Madame Goupil wirklich Besuch hat, Madame Octave, werden Sie nicht lange warten müssen, um zu sehen, wie alle Welt zum Essen erscheint; es ist nämlich schon recht spät geworden«, sagte Françoise, die es eilig hatte, wieder hinunterzugehen und sich um das Essen zu kümmern, und die froh war, meine Tante dieser in Aussicht stehenden Abwechslung überlassen zu können. – »Oh!, nicht vor Mittag«, antwortete meine Tante in entsagungsvollem Ton, wobei sie einen besorgten Blick auf die Standuhr warf, jedoch verstohlen, um nicht zu erkennen zu geben, dass es ihr, die allem entsagt hatte, ein durchaus lebhaftes Vergnügen bereitete, auf das sie bedauerlicherweise noch mehr als eine Stunde würde warten müssen, zu erfahren, wen Madame Goupil zum Essen da hatte. – »Und das wird sich ausgerechnet während meiner eigenen Mahlzeit ereignen!« fügte sie halblaut zu sich selbst hinzu. Ihre eigene Mahlzeit war ihr eine so hinreichende Abwechslung, dass sie eine weitere zur gleichen Zeit nicht begrüßenswert fand. – »Sie werden doch zumindest nicht vergessen, mir meine Œufs à la Crème auf einem der flachen Teller anzurichten?« Diese waren die einzigen, die mit Bildern dekoriert waren, und meine Tante vergnügte sich bei jeder Mahlzeit daran, die Erklärung auf jenem zu lesen, den man ihr an diesem Tag gebracht hatte. Sie setzte dann ihre Brille auf, entzifferte: »Ali Baba und die vierzig Räuber«, »Aladdin und die Wunderlampe«, und sagte dazu lächelnd: »Sehr schön, sehr schön.« – »Ich wäre gern zu Camus gegangen …«, sagte Françoise, als sie sah, dass meine Tante sie nicht mehr hinschicken würde. – »Aber nein, das wäre zu viel der Mühe, ganz gewiss ist es Mademoiselle Pupin. Meine gute Françoise, es tut mir leid, dass ich Sie für nichts und wieder nichts habe heraufkommen lassen.«

Meine Tante wusste jedoch genau, dass sie keineswegs für nichts und wieder nichts nach Françoise geläutet hatte, denn in Combray war eine Person, die man »so ganz und gar nicht kannte«, ein ebenso unglaubliches Wesen wie ein Gott der Mythologie, und tatsächlich konnte man sich nicht erinnern, dass schon einmal, wenn eine solche verblüffende Erscheinung auf der Rue du Saint-Esprit oder dem Marktplatz gesichtet worden war, sorgfältige Recherchen nicht diese fabelhafte Gestalt auf »einen, den man kannte«, reduziert hätten, sei es, dass man ihn persönlich kannte, sei es nur in abstracto, nämlich durch seinen zivilen Stand und die Grade seiner Verwandtschaft mit den Leuten von Combray. Das war mal der Sohn von Madame Sauton, der vom Militärdienst zurückgekommen war, mal die Nichte des Abbé Perdreau, die das Kloster verlassen hatte, oder der Bruder des Pfarrers, ein Steuerbeamter aus Châteaudun, der hergekommen war, um sich hier zur Ruhe zu setzen oder nur die Feiertage hier zu verbringen. Bei ihrem ersten Anblick hatte man einfach nur geglaubt, dass es in Combray Leute gebe, die man so ganz und gar nicht kannte, weil man sie nicht erkannt hatte oder nicht sofort identifizieren konnte. Dabei hatten Madame Sauton und der Pfarrer schon lange im Voraus angekündigt, dass sie ihre ›Reisenden‹ erwarteten. An einem Abend, an dem ich nach der Heimkehr hinaufging, um meiner Tante von unserem Spaziergang zu erzählen, besaß ich die Unvorsichtigkeit, ihr zu sagen, dass wir nahe der alten Brücke einen Mann gesehen hätten, den mein Großvater nicht kannte: »Ein Mann, den Großvater so ganz und gar nicht kannte. Ha! Und das soll ich dir glauben!« Von dieser Nachricht dennoch beunruhigt, wollte sie der Sache auf den Grund gehen, und mein Großvater wurde herbeizitiert. »Wer war das denn, den ihr bei der alten Brücke getroffen habt, werter Onkel?, ein Mann, den ihr so ganz und gar nicht kennt?« – »Aber nicht doch«, erwiderte mein Großvater, »das war Prosper, der Bruder des Gärtners von Madame Bouillebœuf.« – »Ah! gut«, sagte meine Tante, beruhigt und ein wenig errötet; und indem sie die Schultern mit einem ironischen Lächeln hochzog, fügte sie hinzu: »Es ist nur, dass er mir gesagt hat, ihr hättet einen Mann getroffen, den ihr so ganz und gar nicht kanntet!« Und man empfahl mir, in Zukunft etwas vorsichtiger zu sein und meine Tante nicht mit unbedachten Äußerungen in Aufregung zu versetzen. Man kannte in Combray alle Welt so gut, Tier und Mensch, dass meine Tante, als sie einmal zufällig einen Hund vorbeilaufen sah, den sie »so ganz und gar nicht kannte«, nicht aufhören konnte, darüber nachzusinnen und auf diese ganz unbegreifliche Tatsache ihre logischen Fähigkeiten und ihre müßigen Stunden zu verwenden.

»Das wird der Hund von Madame Sazerat sein«, sagte Françoise, ohne große Überzeugung, in einem Versuch der Beruhigung und damit meine Tante sich »nicht den Kopf zerbrechen« würde. – »Als ob ich nicht den Hund von Madame Sazerat kennen würde!« antwortete meine Tante mit jenem kritischen Geist, der sich nicht so schnell den Tatsachen beugen wird. – »Ah!, dann wird es der neue Hund sein, den Monsieur Galopin aus Lisieux mitgebracht hat.« – »Ah!, das wäre denkbar.« – »Es scheint ein sehr netter Hund zu sein«, fügte Françoise hinzu, die damit eine Empfehlung von Théodore weitergab, »klug wie ein Mensch, immer guter Laune, immer freundlich, immer auch auf irgendeine Weise etwas ganz Liebreizendes. Das kommt selten vor, dass ein Tier in dem Alter schon so brav ist.

Der Tennisplatz am Boulevard Bineau um 1891/92 mit u. a. Jeanne Pouquet (1874–1961; die spätere Mme Gaston de Caillavet) als Objekt der Anbetung.

Jetzt mal leise!

Madame,

ich hoffe, Sie finden mich nicht aufdringlich. Aber ich war dieser Tage großem Lärm ausgesetzt, und da ich nicht wohlauf bin, bin ich auch empfindlicher. Ich habe gehört, dass der Doktor übermorgen Paris verlässt, und ich ahne, dass dies für morgen Teppichklopfen impliziert. Wäre es möglich, diese Teppiche entweder schon heute Abend zu klopfen, oder aber morgen keinesfalls vor 4 oder 5 Uhr am Nachmittag (falls sich meine Krise schon vorher legt, werde ich es Sie umgehend wissen lassen).

Oder, falls es unerlässlich sein sollte, sie am Vormittag zu klopfen, sie in jenem Teil Ihrer Wohnung zu klopfen, der sich über meiner Küche befindet, und nicht in jenem über meinem Schlafzimmer. Ich nenne über meinem Schlafzimmer auch das, was sich über den angrenzenden Räumen befindet, auch noch im 4. Stock, denn einen so diskontinuierlichen, »aufstörenden« Lärm wie die Schläge des Klopfers hört man selbst noch in Bereichen, wo er leicht gedämpft wird. Ich gestehe, dass es mir unangenehm ist, mit Ihnen über solche Dinge zu sprechen und es ist mir peinlicher, als ich sagen kann. Mein Entschuldigung dafür, dass ich es heute tue, ist vielleicht vor allem, dass ich es das ganze Jahr nicht getan habe; und außerdem, dass sich die Erlässe des Kriegsministers in so schneller Folge ablösen und so widersprüchlich sind, dass mein Tauglichkeitsstatus, der ja, wie man meinen sollte, schon dreimal geregelt war, erneut in Frage steht. Ich erwarte den seit zehn Tagen angekündigten und bislang nicht erfolgten Besuch des Majors, was mir mehr als genug gute Gründe gibt, auf »Abruf« zu leben, meine Räucherungen einzuschränken, die ihn stören könnten (da ich ja Tag und Stunde seiner Ankunft nicht kenne), und mich also gegenüber meinen Krankheiten noch wehrloser dastehen zu lassen. Diese Situation hat mich des Vergnügens beraubt, im Anschluss an Ihre Reise einen Besuch zu wiederholen, der in mir einen so bezaubernden Eindruck hinterlassen hat. Und Ihr Sohn ist auch nicht da, was mich ebenfalls bekümmert, denn vielleicht hätte er ja »hinabsteigen« können, wenn ich nicht »hinaufsteigen« kann, und außerdem habe ich ihm gegenüber noch etliche Schulden, die mir als nichteingehaltene Versprechungen nachhängen. Ich weiß nicht, ob Sie Clary im Hôtel d'Albe gesehen haben. Ich habe sie noch immer nicht besuchen können, und ich fürchte und ersehne zugleich die Gemütsbewegung eines solchen Augenblicks.

Gestatten Sie mir den Ausdruck meiner vorzüglichsten Hochachtung,
Marcel Proust.
Machen Sie sich nicht die Mühe, mir zu antworten!

Madame

[…] Ach!, seine Kuh von einer Mutter hat nicht aufgehört zu bauen … ich weiß nicht, was! Denn seit Monaten hämmern hier zwölf Arbeiter mit jener frenetischen Begeisterung herum, mit der man etwas so großartiges wie die Cheops-Pyramide errichten könnte, die die Leute beim Spazierengehen mit Erstaunen zwischen dem Printemps und Saint-Augustin erblicken würden. Ich selbst sehe sie nicht, aber ich höre sie. Und wenn die Hammerschläge eine ohnehin schon schlimme Krise noch verdoppeln und ich spüre, dass mich diese Dame nicht nur ein Jahr kostet, in dem ich nichts anderes tun kann als leiden, sondern auch mein Leben um mehrere Jahre durch die Krisen und die Medizinen verkürzt, dann denke ich an jenen Schrei, den bei Sully-Prudhomme ein Arbeiter an eben dieser Pyramide ausstößt. Sie werden sich daran erinnern:

Er schrie plötzlich wie ein stürzender Baum.
Der Schrei stieg empor, suchte die Götter und Gerechtigkeit,
Und seit 3000 Jahren schläft unter dem riesigen Bauwerk
Cheops im Glanz seines Ruhms.

Manchmal träume ich, dass die Arbeiten fertig sind und keine Maurer mehr kommen, doch beim Erwachen (oder vielmehr, wenn ich von ihnen geweckt werde) höre ich (wieder wie bei Sully-Prudhomme), wie

Der Arbeiter sprach zu mir im Traum
von wackeren Gesellen auf ihrem Gerüst. […]

Robert und Marcel Proust 1877, auf Fotokarton des Fotografen Modeste Chambay, Fotograf im Grand-Hôtel, Paris.

Pas de deux

Der Name des Prinzen bewahrte in der Offenheit, mit der seine ersten Silben – wie man in der Musik sagt – angestimmt wurden, und in der stotternden Wiederholung, die sie scharf hervorhob, den Schwung, die gezierte Naivität, die schwerfälligen »Feinheiten« des Germanischen, die wie grünliches Gezweig auf das metallisch-dunkelblaue »Heim« projiziert wurden, das den Mystizismus eines rheinländischen Kirchenfensters hinter den blassen, feinziselierten Goldverzierungen des deutschen 18. Jahrhunderts entfaltete. Dieser Name enthielt unter den Namen, aus denen er gebildet war, den eines kleinen deutschen Bades, in dem ich noch als Kind mit meiner Großmutter gewesen war, zu Füßen eines durch Goethes Spaziergänge geadelten Höhenzuges und von Weinbergen, deren erlauchte Kreszenzen mit ihrer komponierten, wie homerische Helden-Epitheta tönenden Bezeichnung wir im Kurhof getrunken hatten. Kaum hatte ich also den Namen des Prinzen vernommen, da schien er mir auch schon, noch bevor er mich an das Thermalbad erinnerte, zu schrumpfen, sich mit Menschlichkeit zu sättigen, ein für ihn hinreichend großes Plätzchen in meinem Gedächtnis zu finden, an dem er mit irgendeiner Art von Befugnis, von Berechtigung festhielt – vertraut, anspruchslos, malerisch, vollmundig, leicht. Darüber hinaus erwähnte Madame de

Guermantes, als sie erklärte, wer der Prinz war, einige seiner Titel, und ich erkannte den Namen eines Ortes wieder, der von dem Fluss durchquert wurde, auf dem ich jeden Abend nach Beendigung der Kur mit dem Boot die Mückenschwärme durchquerte; und den eines Waldes, der so weit entfernt lag, dass der Arzt mir nicht erlaubt hatte, einen Spaziergang dorthin zu machen. Und in der Tat war es ja verständlich, dass sich der Herrschaftsbereich des Landesherrn auch auf Orte in der Umgebung erstreckte und die Aufzählung seiner Titel jene Namen in einen neuen Zusammenhang brachte, die man einen neben dem anderen auf einer Karte lesen konnte. So war also das, was ich hinter dem Visier eines Prinzen des Heiligen Römischen Reiches und Truchsessen Ostfrankens sah, das Gesicht eines geliebten Landstrichs, auf dem so oft die Strahlen der Sechsuhrsonne für mich geruht hatten – zumindest bevor der Prinz, Rheingraf und Kurfürst von der Pfalz eingetreten war. Denn ich erfuhr binnen Kurzem, dass er die Einkünfte, die er aus dem von Gnomen und Nixen bevölkerten Wald und Fluss bezog, aus dem verzauberten Berg, auf dem sich die alte Burg erhebt, die das Gedenken an Luther und an Ludwig den Deutschen bewahrt, darauf verwendete, sich fünf Charron-Automobile zu halten, ein Palais in Paris und eines in London, eine Montagsloge in der Oper sowie eine weitere für die »Mardis« des »Français«. Er kam mir nicht so vor, und schien es auch selbst nicht zu glauben, als unterscheide er sich von anderen Männern mit demselben Vermögen und vom selben Alter, jedoch von weniger poetischer Herkunft. Er hatte ihre Bildung, ihre Ideale, genoss seinen Rang, wenn auch einzig wegen der Vorteile, die er ihm gewährte, und hatte nur noch einen Ehrgeiz im Leben, nämlich den, zum korrespondierenden Mitglied der Akademie der moralischen und politischen Wissenschaften gewählt zu werden, was auch der Grund dafür war, dass er zu Madame de Villeparisis gekommen war. Wenn er, dessen Frau an der Spitze des exklusivsten Klüngels von Berlin stand, sich darum bemüht hatte, bei der Marquise eingeführt zu werden, dann nicht, weil er von vornherein ein Verlangen danach empfunden hätte. Seit Jahren von dem Ehrgeiz getrieben, ins Institut aufgenommen zu werden, hatte er es unglücklicherweise nie erlebt, dass die Zahl der Académie-Mitglieder, die bereit schienen, für ihn zu stimmen, mehr als fünf betragen hätte. Er wusste, dass allein schon Monsieur de Norpois über mindestens zehn Stimmen gebot, zu denen er mit Hilfe geschickter Winkelzüge noch weitere hinzufügen konnte. Und so hatte der Prinz ihn, mit dem er bekannt war, seit sie beide in Russland Botschafter gewesen waren, aufgesucht und tat nun alles, ihn sich gewogen zu machen. Doch er mochte seine Liebenswürdigkeiten noch so sehr steigern, dem Marquis russische Orden verschaffen, ihn in Artikeln über auswärtige Politik zitieren, er hatte es mit einem Undankbaren zu tun, einem Mann, für den all dieses Entgegenkommen nicht zu zählen schien, der seine Kandidatur keinen Schritt weitergebracht hatte, der ihm nicht einmal seine eigene Stimme versprochen hatte! Kein Zweifel, Monsieur de Norpois behandelte ihn mit äußerster Höflichkeit, wollte nicht einmal zulassen, dass er die Unbequemlichkeit auf sich nahm und »sich zu seiner Tür bemühte«, er begab sich stattdessen selbst zum Palais des Prinzen und antwortete, wenn der teutonische Ritter mit den Worten »ich wäre gern Ihr Kollege« den Vorstoß gewagt hatte, im Brustton der Überzeugung: »Ah!, darüber wäre ich nur zu glücklich!« Und zweifellos hätte ein Naivling, ein Doktor Cottard etwa, zu sich gesagt: »Na also, er ist hier bei mir, er hat es für erforderlich angesehen, zu mir zu kommen, weil er mich für eine wichtigere Persönlichkeit hält als sich selbst, er sagt mir, er wäre glücklich, wenn ich in der Académie wäre, Worte haben doch schließlich noch einen Sinn, zum Teufel auch!, zweifellos macht er mir nur deshalb nicht den Vorschlag, für mich zu stimmen, weil er nicht daran denkt. Er redet zu viel von meinem großen Einfluss, er scheint zu glauben, dass mir die Tauben gebraten in den Mund fliegen, dass ich so viele Stimmen haben könnte, wie ich will, nur deshalb bietet er mir seine nicht an, aber ich muss ihn nur in die Enge treiben und zu ihm unter vier Augen sagen: ›Also gut, stimmen Sie für mich!‹, und ihm wird nichts anderes übrig bleiben, als es zu tun.« Aber der Prinz von Faffenheim war kein Naivling; er war das, was Doktor Cottard einen »geriebenen

Diplomaten« genannt hätte, und er wusste, dass Monsieur de Norpois nicht weniger gerieben war, aber auch niemand, der nicht von allein darauf gekommen wäre, dass es für einen Kandidaten erfreulich sein könnte, wenn man für ihn stimmt. Als Botschafter in verschiedenen Ländern und als Außenminister hatte er für sein Land, so wie er es nun für sich selbst tat, Gespräche geführt, bei denen man von vornherein weiß, wie weit man gehen will und was man dem anderen nicht sagen wird. Ihm war nicht unbekannt, dass in der Sprache der Diplomaten »plaudern« so viel bedeutet wie »ein Angebot machen«. Und aus diesem Grund hatte er dafür gesorgt, dass Monsieur de Norpois den Sankt-Andreas-Orden verliehen bekam. Doch wenn er seiner Regierung über das Gespräch hätte Bericht erstatten müssen, das er danach mit Monsieur de Norpois führte, so hätte er in seiner Depesche schreiben können: »Ich muss einsehen, dass ich den falschen Weg eingeschlagen habe.« Denn sobald er wieder auf das Institut zu sprechen gekommen war, hatte Monsieur de Norpois ihm aufs Neue gesagt: »Ich sähe das gern, sehr gern für meine Kollegen. Sie dürften sich, wie ich meine, außerordentlich geehrt fühlen, dass Sie an sie gedacht haben. Es ist ganz entschieden eine interessante Kandidatur, ein wenig außerhalb des Üblichen. Sie wissen, die Académie ist sehr ihren Gewohnheiten verhaftet, sie fürchtet sich vor allem, was einen etwas anderen Ton hineinbringt. Ich persönlich mache ihr das zum Vorwurf. Wie viele Male schon habe ich das meinen Kollegen gegenüber durchblicken lassen. Ich bin mir nicht sicher, ob nicht einmal gar, Gott verzeih mir, das Wort ›Verkrustung‹ über meine Lippen getreten ist«, dann aber mit einem aufgebrachten Lächeln, halblaut, beinahe a parte, wie bei einem Bühneneffekt, und mit einem raschen, schiefen Blick aus seinen blauen Augen auf den Prinzen, wie ein alter Schauspieler, der die Wirkung seines Kunstgriffs abschätzen möchte, hinzugefügt: »Sie werden verstehen, Prinz, dass ich eine so eminente Persönlichkeit wie Sie sich nicht auf eine von vornherein gescheiterte Partie einschiffen lassen möchte. Solange die Vorstellungen meiner Kollegen derart rückständig sind, halte ich es für weiser, davon Abstand zu nehmen. Glauben Sie mir im Übrigen, sobald ich einen nur etwas moderneren, nur etwas lebendigeren Geist sich in diesem Kollegium regen sehe, das dazu tendiert, eine Nekropolis zu werden, sobald ich mir eine vernünftige Chance für Sie ausrechnen kann, so werde ich der Erste sein, der Sie davon in Kenntnis setzt.« »Der Sankt-Andreas-Orden war ein Fehlschlag«, dachte der Prinz; »die Verhandlungen sind keinen Schritt weitergekommen; es ist nicht das, was er wollte. Ich habe nicht nach dem richtigen Schlüssel gegriffen.« Es war dies eine Art von Überlegung, zu der auch Monsieur de Norpois, der von der gleichen Schule geprägt war wie der Prinz, in der Lage gewesen wäre. Man kann sich über die pedantische Einfalt lustig machen, mit der sich Diplomaten à la Norpois an einer nahezu bedeutungslosen offiziellen Verlautbarung begeistern. Aber ihre Kinderei hat auch ihre Kehrseite: Die Diplomaten wissen, dass auf der Waage, die jenes europäische oder sonstige Gleichgewicht herstellt, das man Frieden nennt, reine Gefühle, schöne Worte und Beteuerungen herzlich wenig wiegen; und dass das ausschlaggebende Gewicht, das wirkliche, entscheidende, in der Möglichkeit des Gegners besteht, einen Wunsch im Wege des Tausches zu befriedigen, eine Möglichkeit, die er hat, wenn er stark genug ist, und sonst eben nicht hat. Mit dieser Gattung von Wahrheiten, die eine so gänzlich selbstlose Person wie meine Großmutter zum Beispiel nie verstanden hätte, hatten sich Monsieur de Norpois wie auch der Prinz von *** schon oft auseinandersetzen müssen. Als Geschäftsträger in Ländern, mit denen wir um Haaresbreite vor einem Krieg gestanden hatten, wusste Monsieur de Norpois in seiner Sorge um die Wendung, die die Ereignisse nehmen möchten, sehr genau, dass sie ihm nicht durch das Wort »Frieden« oder durch das Wort »Krieg« angezeigt werden würden, sondern durch ein anderes, scheinbar ganz belangloses, schreckliches oder segensreiches, das der Diplomat sofort mit Hilfe seines Codes zu entschlüsseln wüsste und auf das er, um die Würde Frankreichs zu wahren, mit einem ebenso belanglosen Wort antworten würde, hinter dem der Minister der feindlichen Nation sogleich sähe: Krieg. Und gemäß einem alten Brauch ähnlich dem, der einer ersten Annäherung von zwei füreinander bestimmten Menschen die Form einer zufälligen Begegnung bei einer Vorstellung im Théâtre du Gymnase gibt, fand sogar das Gespräch, in dem das Schicksal das Wort »Krieg« oder das Wort »Frieden« diktierte, für gewöhnlich nicht im Amtszimmer des Ministers statt, sondern auf der Bank eines Kurgartens, in dem sich der Minister und Monsieur de Norpois zu den Thermalquellen begaben, um am Brunnen kleine Gläser heilsamen Wassers zu trinken. Aufgrund einer Art stillschweigenden Einverständnisses trafen sie sich zur Zeit der Trinkkur und machten zuvor gemeinsam einige Schritte auf einem Spaziergang, von dem beide Gesprächspartner wussten, dass er unter seinem harmlosen Äußeren ebenso tragisch war wie ein Mobilmachungsbefehl. Nun, bei dieser Privatangelegenheit wie der Kandidatur für das Institut hatte der Prinz vom selben System induktiver Schlussweisen Gebrauch gemacht wie im Laufe seiner Karriere, vom selben Verfahren einer Lesung durch mehrere einander überlagernde Symbolschichten hindurch. Und ganz gewiss kann man nicht behaupten, dass meine Großmutter und ihre wenigen Artgenossen die einzigen gewesen wären, denen diese Art von Kalkül fremd war. Der Durchschnitt der Menschheit, jener Teil, der im Voraus festgelegten Berufen folgt, teilt durch seinen Mangel an Intuition jene Unwissenheit, die meine Großmutter ihrer edlen Selbstlosigkeit verdankte. Man muss oft bis auf die Ebene ausgehaltener Personen, Männer oder Frauen, hinabsteigen, um die Beweggründe für dem Anschein nach völlig unschuldige Handlungen oder Worte in Selbstsucht, in der Notwendigkeit zu überleben finden zu können. Welcher Mann weiß nicht, dass, wenn er eine Frau bezahlen will und sie zu ihm sagt »reden wir nicht von Geld«, diese Worte als ein, wie man in der Musik sagt, »vorgezählter Takt« zu bewerten sind, und dass er, wenn sie später zu ihm sagt »du hast mich zu sehr verletzt, du hast mir so oft die Wahrheit verschwiegen, ich kann nicht mehr«, zu verstehen hat: »Ein anderer Gönner bietet mir mehr«? Und dies ist nur die Sprache einer Kokotte, die sich den Frauen von Welt weitgehend angeglichen hat. Die Ganovenszene liefert noch viel schlagendere Beispiele. Doch wenn ihnen auch Ganoven unbekannt waren, so hatten sich Monsieur de Norpois und der deutsche Prinz daran gewöhnt, auf derselben Ebene wie Nationen zu leben, die trotz ihrer Größe ebenfalls Lebewesen sind, voller Egoismus und Verschlagenheit, die man nur mit Gewalt bändigt, durch Berücksichtigung ihrer Interessen, die sie bis zum Mord treiben können, einem oft ebenfalls symbolischen Mord, da das schlichte Zögern zu kämpfen oder die Weigerung zu kämpfen für eine Nation bedeuten kann, zugrunde zu gehen. Da aber all dies nicht in den verschiedenen gelben und anderen Büchern gesagt wird, zieht das Volk es vor, pazifistisch zu sein; wenn es kriegerisch gestimmt ist, dann instinktiv, aus Hass, aus Rachsucht, und nicht aus den Gründen, die maßgeblich waren für die von ihren Norpois beratenen Staatsoberhäupter. Im folgenden Winter wurde der Prinz sehr krank, er gesundete wieder, doch sein Herz blieb unheilbar geschädigt. »Zum Teufel!«, sagte er sich, »ich darf keine Zeit mehr mit dem Institut verlieren; denn wenn das zu lange dauert, sterbe ich womöglich, bevor ich nominiert werde. Das wäre wirklich ärgerlich.« Er schrieb einen Essay über die Politik der letzten zwanzig Jahre für die *Revue des Deux Mondes* und ließ sich darin bei mehreren Gelegenheiten in äußerst schmeichelhaften Begriffen über Monsieur de Norpois aus. Dieser suchte ihn auf, um ihm zu danken. Er fügte hinzu, dass er gar nicht wisse, wie er seine Dankbarkeit zum Ausdruck bringen könne. Der Prinz sagte sich wie jemand, der gerade einen anderen Schlüssel für ein Schloss ausprobiert hat, »der ist es auch nicht«, und dachte, da er sich etwas außer Atem fühlte, als er Monsieur de Norpois hinausgeleitete: »Sapperment, diese Burschen werden mich noch krepieren lassen, bevor sie mich aufnehmen. Eile tut not.«

Am gleichen Abend traf er Monsieur de Norpois in der Oper: »Mein lieber Botschafter«, sagte er zu ihm, »Sie sagten heute Vormittag, Sie wüssten nicht, wie Sie mir Ihre Dankbarkeit beweisen sollten; das ist stark übertrieben, denn Sie schulden mir keine, aber ich will dennoch die Ungezogenheit besitzen, Sie beim Wort zu nehmen.« Monsieur de Norpois schätzte den Takt des Prinzen um nichts geringer ein als seinen eigenen. Er verstand sofort, dass der Prinz von Faffenheim ihn nicht etwa um etwas bitten, sondern ihm ein Angebot machen wollte, und mit lächelnder Zuvorkommenheit schickte er sich darein, ihn anzuhören. »Also, Sie werden mich sehr zudringlich finden. Es gibt zwei Personen, an denen ich, in gänzlich unterschiedlicher Weise, wie Sie verstehen werden, sehr hänge und die seit Kurzem in Paris weilen, wo sie auch weiterhin zu leben gedenken: meine Frau und die Großherzogin Jean. Sie werden einige Diners geben, insbesondere zu Ehren des Königs und der Königin von England, und ihr Traum wäre es, ihren Gästen eine Persönlichkeit vorstellen zu können, für die sie alle beide große Bewunderung hegen, ohne jedoch mit ihr bekannt zu sein. Ich gestehe, dass ich nicht wusste, was ich tun sollte, um ihren Wunsch zu erfüllen, bis ich vor kurzem durch den allergrößten Zufall erfuhr, dass Sie mit dieser Person bekannt sind; ich weiß, dass sie sehr zurückgezogen lebt, nur wenige Besucher, die happy few, empfängt; doch wenn Sie Fürsprache für mich einlegen würden, bin ich bei dem Wohlwollen, das Sie mir beweisen, sicher, dass sie Ihnen gestatten würde, mich bei ihr einzuführen und ihr den Wunsch der Großherzogin und der Prinzessin zu überbringen. Vielleicht würde sie ja einwilligen, zu dem Diner mit der Königin von England zu kommen und, wer weiß, falls wir sie nicht zu sehr langweilen, die Osterferien mit uns in Beaulieu bei der Großherzogin Jean zu verbringen. Diese Person ist die Marquise von Villeparisis. Ich gestehe, dass die Hoffnung, einer der

Stammgäste in einem solchen Bureau d'ésprit zu werden, ein großer Trost für mich wäre, es mir ermöglichen würde, ohne Bedauern einem Rücktritt von meiner Kandidatur für das Institut ins Auge zu sehen. Auch bei ihr pflegt man ja Gedankenaustausch und das gehobene Gespräch.« Mit einem Gefühl unaussprechlicher Freude spürte der Prinz, dass das Schloss nicht widerstand und dieser Schlüssel endlich passte. »Eine solche Alternative ist ganz unnötig, mein lieber Prinz«, antwortete Monsieur de Norpois; »nichts verträgt sich besser mit dem Institut als der Salon, von dem Sie sprechen, bei dem es sich geradezu um ein Treibhaus für Académiemitglieder handelt. Ich werde Ihr Begehren der Marquise von Villeparisis übermitteln: Sie wird sich gewiss geschmeichelt fühlen. Was das Diner bei Ihnen betrifft, nun, sie geht sehr wenig aus, so dass das wohl etwas schwieriger würde. Aber ich werde Sie vorstellen, und Sie werden Ihre Sache selbst vertreten. Es ist keineswegs notwendig, auf die Académie zu verzichten; genau morgen in zwei Wochen werde ich, um anschließend mit ihm in eine wichtige Sitzung zu gehen, bei Leroy-Beaulieu essen, ohne den man keine Wahl zustande bringt; ich hatte ihm gegenüber bereits Ihren Namen fallenlassen, der ihm selbstverständlich aufs Beste bekannt ist. Er hatte einige Einwände vorzubringen. Aber er benötigt die Unterstützung meiner Gruppe bei der nächsten Wahl, und ich gedenke, nicht lockerzulassen; ich werde ihm ganz offen die sehr herzliche Beziehung darlegen, die uns verbindet, ich werde ihm nicht verhehlen, dass ich, falls Sie kandidieren, alle meine Freunde ersuchen werde, für Sie zu stimmen (der Prinz stieß einen tiefen Seufzer der Erleichterung aus), und er weiß, dass ich Freunde habe. Ich nehme an, dass Sie, falls es mir gelingen sollte, mich seiner Unterstützung zu versichern, ernsthafte Aussicht hätten. Kommen Sie doch an besagtem Abend um sechs Uhr zu Madame de Villeparisis, ich werde Sie einführen und kann Ihnen dann gleich über meine Unterredung vom Vormittag berichten.« Auf diesem Weg also hatte es der Prinz von Faffenheim dazu gebracht, Madame de Villeparisis zu besuchen.

Marcel Proust im Ritz
Proust speiste gern allein im Ritz
Fotomontage von Gérard Bertrand

Mmmm, lecker!

Am Tag nach jenem Abend, an dem Albertine mir erst gesagt hatte, dass sie vielleicht, und dann, dass sie nicht die Verdurins besuchen werde, wachte ich frühzeitig auf, und noch im Halbschlaf belehrte mich ein freudiges Gefühl, dass ein mitten in den Winter eingeschalteter Frühlingstag begonnen hatte. Draußen orchestrierten volkstümliche, kunstvoll für verschiedene Instrumente arrangierte Weisen, vom Horn des Porzellanflickers über die Trompete des Stuhlflechters bis hin zur Flöte des Ziegentreibers, der an einem so schönen Tag wirkte wie ein sizilianischer Hirt, leichthin die morgendliche Luft zu einer »Ouvertüre für einen festlichen Tag«. Das Gehör, dieser liebliche Sinn, bringt uns die Straße zur Gesellschaft und skizziert sie uns mit allen ihren Linien, zeichnet die Formen nach, die in ihr vorüberziehen, und zeigt uns dabei deren Farbe. Die eisernen Rollläden des Bäckers, des Milchmanns, die sich gestern am Abend über allen Hoffnungen auf attraktive Weiblichkeit gesenkt hatten, hoben sich nun wie die Segelblöcke eines Schiffs, das klargemacht wird, um auszulaufen und über das durchsichtig schimmernde Meer dahinzuschießen auf einem Traum von jungen Ladenmädchen. Das Geräusch eiserner Rollläden, die hochgezogen werden, wäre in einem anderen Stadtviertel vielleicht mein einziges Vergnügen gewesen. In diesem aber gab es zu meiner

Freude noch hundert andere, von denen ich nicht eines hätte verschlafen mögen. Der Zauber dieser alten aristokratischen Viertel liegt darin, dass sie zugleich auch volkstümlich sind. So wie sich zuweilen Verkaufsstände dicht am Portal von Kathedralen befanden (das dann manchmal sogar ihren Namen trägt, wie das der Kathedrale von Rouen, das »Portal der Buchhändler« genannt wird, weil diese dort bei Wind und Wetter ihre Waren anboten), zogen verschiedene kleine Händler, allerdings ambulante, am noblen Stadtpalais der Guermantes vorbei und ließen für einen Augenblick das geistliche Frankreich von einst wiedererstehen. Denn der Ruf, den sie an die kleinen Häuser in der Nachbarschaft richteten, hatte bis auf wenige Ausnahmen nichts von einem Lied an sich. Er unterschied sich davon ebenso wie die – durch unmerkliche Variation kaum nuancierte – Deklamation des Boris Godunow oder der Pelléas; erinnerte aber andererseits an das Psalmodieren eines Priesters beim Hochamt, dessen gutmütiges, marketenderisches, dennoch aber halbliturgisches Gegenstück diese Straßenszenen sind. Nie hatte ich, bevor Albertine bei mir wohnte, so viel Vergnügen daran gefunden; sie schienen mir wie ein fröhliches Signal ihres Erwachens und ließen mich, indem sie mein Interesse am Leben draußen wachriefen, besser die beruhigende Kraft einer geliebten Gegenwart spüren, die so beständig war, wie ich es wünschte. Einige der Lebensmittel, die in der Straße ausgerufen wurden und die ich selber verabscheute, waren so sehr nach Albertines Geschmack, dass Françoise davon welche durch ihren jungen Laufburschen einkaufen ließ, der sich womöglich ein wenig gedemütigt fühlte, als er sich unter die plebejische Menge mischen musste. Ganz deutlich drangen in diesem so stillen Viertel (dessen Geräusche Françoise nicht mehr traurig stimmten, für mich aber zu einer Labsal geworden waren) die Rezitative, jedes mit seiner eigenen Modulation, zu mir, die von den Leuten des Volkes vorgetragen wurden, als gehörten sie zu der so populären Musik des Boris, wo jede Anfangsintonation kaum noch durch die Modulation einer Note abgewandelt wird, die sich über eine andere beugt, eine Musik der Masse, die mehr Sprache ist als Musik. So ließ ein: »Ah!, Strandschnecken, Strandschnecken für zwei Sous« die Leute sich auf die Tüten stürzen, in denen diese schauderhaften kleinen Weichtiere verkauft wurden, die mich, wäre es nicht für Albertine gewesen, abgestoßen hätten, nicht weniger übrigens als die Weinbergschnecken, die ich zur selben Stunde angepriesen hörte. Hier ließ der Händler noch mehr an die kaum noch lyrische Deklamation bei Mussorgski denken, aber nicht nur an sie. Denn nach dem nahezu »Parlando« des »Weinbergschnecken, zum Fingerlekken« fügte der Schneckenhändler mit der undefinierbaren Traurigkeit eines von Debussy vertonten Maeterlinck in einem dieser klagenden Finale, mit denen der Komponist des Pelléas sich Rameau annähert (»Wenn ich denn doch besiegt sein soll, sollst du dann mein Besieger sein?«), und mit schwermütig singendem Tonfall hinzu: »Und nur sechs Sous für das Dutzend …«

Es fiel mir immer schwer zu verstehen, warum solche so klaren Worte in diesem wenig angemessenen Ton dahingeseufzt wurden, der so mysteriös war wie das Geheimnis, das jedermann in dem alten Palast, in den auch Mélisande keine Freude hatte bringen können, ein trauriges Gesicht haben ließ, und so tiefgründig wie ein Gedanke des Greises Arkel, wenn er versucht, alle Weisheit und das Schicksal in schlichte Worte zu fassen. Die Noten, in denen sich mit zunehmender Milde die Stimmen des alten Königs von Allemonde oder die von Golo erheben, um zu sagen: »Man weiß nicht, was hier vor sich geht. Es mag doch seltsam erscheinen. Wohl gibt es kein unnütz Gescheh'n«, oder: »Man sollte sich nicht erschrecken … Es war ein armes, kleines Ding, geheimnisvoll wie jedermann«, waren genau die gleichen, deren sich der Schneckenhändler bediente, um in einer endlosen Kantilene zu wiederholen: »Und nur sechs Sous für das Dutzend …« Doch diese metaphysische Klage hatte keine Zeit, an den Ufern der Unendlichkeit zu verhallen, denn sie wurde von einer munteren Trompete unterbrochen. Dieses Mal handelte es sich nicht um Nahrungsmittel, denn die Worte des Librettos lauteten: »Schere Hunde, beschneide Muschis, die Ohren und auch die Schwänz'.«

Gewiss, der Einfallsreichtum und der Witz eines jeden Händlers oder einer jeden Händlerin brachten oft

Variation in die Worte all dieser Musik, die ich von meinem Bett aus hörte. Doch eine rituelle Pause, die Stille in die Mitte eines Wortes einfügte, vor allem, wenn es zweimal wiederholt wurde, rief unablässig alte Kirchen in Erinnerung. In seinem kleinen, von einer Eselin gezogenen Wagen, die er vor jedem Haus anhalten ließ, um in die Höfe zu gehen, psalmodierte der Kleiderhändler, die Peitsche in der Hand: »Kleider, der Kleiderhändler ist da, Klei–der«, mit der gleichen Pause zwischen den beiden Silben des letzten »Kleider«, als ob er in einem gregorianischen Choral: »Per omnia saecula saeculo–rum« oder: »Resquiescat in pa–ce« intonierte, obwohl er wohl kaum an ein ewiges Leben seiner Kleider glauben dürfte und sie erst recht nicht als Gewänder feilbot für die letzte Ruhe in Frieden. Und ganz genauso verwendete, da zu dieser Morgenstunde die Motive begannen, sich miteinander zu verflechten, eine Obst- und Gemüsehändlerin, während sie ihren Karren schob, die gregorianische Trennung für ihre Litanei:

> Frische Pflaumen, süß und saftig,
> Immer lecker, immer schöne
> Pflau–men,

obwohl sie wahrscheinlich vom Antiphonarium und den sieben Tönen nichts wusste, von denen vier die Wissenschaften des Quadriviums und drei diejenigen des Triviums symbolisieren.

Während er auf einer Rohrflöte, einer Sackpfeife Melodien seiner südlichen Heimat hervorbrachte, deren Helle gut zu den schönen Tagen passte, machte ein Mann im Bauernkittel, mit einem Ochsenziemer in der Hand und einer Baskenmütze auf dem Kopf, vor den Häusern halt. Es war der Ziegenhirte mit seinen zwei Hunden und seiner Ziegenherde, die vor ihm herlief. Da er von weither kam, zog er erst ziemlich spät durch unser Viertel; und die Frauen liefen mit einer Schale herbei, um die Milch einzuholen, die ihre Kleinen stark machen sollte. Doch in die Pyrenäen-Melodien dieses wohlwollenden Hirten mischte sich schon die Glocke des Scherenschleifers, der ausrief: »Messer, Scheren, Klingen.« Mit ihm konnte der Sägenschärfer allerdings nicht konkurrieren, denn da er über kein Instrument verfügte, begnügte er sich mit seinem Ruf: »Haben Sie Sägen zu schleifen, hier kommt der Schleifer«, während der Kesselflicker sehr viel fröhlicher, nachdem er Wannen, Kasserolen und alles, was er reparieren würde, einzeln aufgezählt hatte, den Refrain anstimmte:

Flick, flick, flick,
Ich bin's, der's wieder flickt,
Sogar ein bös' Geschick,
Ich verlöte die Kanne jedem Koch,
Ich stopfe euch ein jedes Loch,
Loch, Loch, Loch;

und kleine Italiener, die große, rot angestrichene Blechkästen trugen, an denen die Nummern der Nieten und der Glückslose standen, drehten ihre Schnarren und forderten auf: »Amüsier'n Se sich, meine Damen, hier kommt das große Spaßvergnügen.« [...]

»Stört Sie das nicht, diese ganzen Geräusche von draußen?« fragte mich Albertine, »ich selber finde das ja göttlich. Aber Sie, wo Sie doch einen so leichten Schlaf haben?« Ich hatte manchmal ganz im Gegenteil einen sehr tiefen (wie ich auch schon gesagt habe, doch das Ereignis, von dem ich gleich berichten werde, zwingt mich, es zu wiederholen), vor allem, wenn ich erst am Morgen einschlief. [...]

Deshalb konnte ich ihr mit der größten nur denkbaren Aufrichtigkeit antworten: »Im Gegenteil, sie gefallen mir, weil ich weiß, dass Sie sie mögen. ›Bootsfrische Austern, frisch vom Boot.‹« – »Oh, Austern, darauf hätte ich Lust!« Glücklicherweise vergaß Albertine halb aus Unbeständigkeit, halb aus Folgsamkeit recht schnell, was sie begehrt hatte, und ehe ich noch Zeit hatte, ihr zu sagen, dass sie bei Prunier bessere bekommen würde, wollte sie nach und nach alles, was sie die Fischhändlerin ausrufen hörte: »Krabben, schöne frische Krabben, lebendfrische Rochen, lebendfrisch. – Merlan zum Braten, zum Braten. – Hier kommt der Makreel, frischer junger Makreel. Den schönen Mackereel, meine Damen, müssen Sie haben. – Ah!, frische Muscheln, die tun so gut, frische Muscheln!« Unwillkürlich ließ mich der Schrei: »Hier kommt der Makreel« erzittern. Doch da sich dieser Schrei kaum, wie mir schien, auf meinen Chauffeur beziehen konnte, dachte ich nur an den Fisch, den ich nicht leiden konnte, und meine Unruhe ließ nach. »Ah!, Muscheln«, sagte Albertine, »ich würde so gern Muscheln essen.« – »Aber, mein Liebes!, das war etwas für Balbec, hier taugen sie nichts; im Übrigen erinnern Sie sich bitte daran, was Cottard Ihnen zum Thema Muscheln gesagt hat.« Doch meine Bemerkung war umso weniger angebracht, als die nächste Gemüsehändlerin etwas anpries, was Cottard noch entschiedener verboten hätte:

> Feigen so schön, Feigen so schön,
> Nicht zu verkaufen, nur anzuseh'n!

Allerdings gestand Albertine mir zu, die Feigen zu opfern, sofern ich ihr versprechen würde, in den nächsten Tagen bei der Händlerin einzukaufen, die ausrief: »Hier gibt's schönen Spargel aus Argenteuil, hier gibt's den schönsten Spargel.« Eine geheimnisvolle Stimme, von der man abseitigere Angebote erwartet hätte, legte einem: »Tonnen, Tonnen!« nahe. Man musste sich rasch mit der Enttäuschung abfinden, dass es nur um Tonnen ging, denn dieses Wort wurde beinahe sofort völlig überdeckt von dem Schrei: »Gla–, der Gla–ser, sind hier die Scheiben entzwei, kommt der Glaser, der Gla–ser«, mit einer gregorianischen Worttrennung, die mich allerdings weniger an die Liturgie erinnerte als der Ruf des Lumpenhändlers, der unwissentlich eine jener abrupten Klangbrüche reproduzierte, wie sie im kirchlichen Ritual recht häufig vorkommen, wenn der Priester sagt: »Praeceptis salutaribus moniti et divina institutione formati audemus dicere«, und dabei mit starker Betonung auf dicere endet. Ohne jegliche Respektlosigkeit, wie ja auch das fromme Volk des Mittelalters direkt auf dem Vorhof der Kirche Farcen und Sotties aufführte, musste man bei dem Lumpenhändler an dieses dicere denken, wenn er, nachdem er die anderen Worte in die Länge gezogen hatte, die letzte Silbe mit einer Plötzlichkeit hervorstieß, die der Akzentuierung würdig war, die der große Papst des 7. Jahrhunderts in Regeln gefasst hatte: »Lumpen, Eisen zu verkaufen (all dies wurde äußerst getragen psalmodiert, wie auch die nächsten beiden Silben, während die letzte noch lebhafter endete als das dicere), Hasen–fell.« »Valencia, schöne Valencia, die frische Orange«, selbst der bescheidene Lauch: »Schöner Lauch auch«, und Zwiebeln: »Zwei Sous für die Zwiebel«, schlugen an mein Ohr wie ein Echo der Wogen, in denen sich Albertine, wäre sie frei, hätte verlieren können, und gewann so die Süße des suave mari magno.

Möhren lang und rund,
Zwei Sechser nur das Bund.

»Oh!« rief Albertine, »Kohl, Möhren, Orangen. Lauter Sachen, die ich gern essen würde. Lassen Sie doch Françoise welche davon kaufen. Sie könnte Möhren in Sahnesoße machen. Das wäre doch nett, das alles zusammen zu essen. Da wären dann alle die Schreie, die wir hören, in eine gute Mahlzeit verwandelt. Oh!, bitte, lassen Sie Françoise lieber Rochen in brauner Butter machen. Das ist was Feines!« – »Gut, meine liebe Kleine, abgemacht. Aber bleiben Sie nicht länger hier; sonst wollen Sie noch alles haben, was die Gemüsehändler ausrufen.« – »Na gut, ich gehe, aber ich will nie mehr etwas anderes zum Abendessen als Dinge, deren Schrei wir gehört haben. Das macht richtig Spaß. Ach, dass wir noch zwei Monate warten müssen, bis wir: ›Grüne Bohnen, zarte Bohnen, hier gibt es grüne Bohnen‹ hören werden. Wie lecker das klingt: ›zarte Bohnen‹!, Sie wissen ja, dass ich sie dünn, ganz dünn und triefend von Vinaigrette am liebsten mag, man spürt sie dann kaum auf der Zunge, sie sind dann so frisch wie Morgentau. Nur leider steht es damit wie mit den kleinen Sahneherzen, das dauert noch viel länger: ›Rahmkäse, guter Rahmkäse, der gute Käse!‹ Und dann der Chasselas de Fontainebleau: ›Ich habe feinen Chasselas.‹« Und ich dachte mit Schrecken an all die Zeit, die ich mit ihr noch bis zur Zeit des Chasselas würde verbringen müssen. »Hören Sie, ich sagte zwar, dass ich nichts mehr essen will, was wir nicht ausgerufen gehört haben, aber natürlich mache ich auch Ausnahmen. So wäre es gar nicht ausgeschlossen, dass ich bei Rebattet vorbeigehe und Eis für uns beide bestelle. Sie werden sagen, dafür sei die Saison noch nicht gekommen, aber ich habe solche Lust darauf!« Dieser Plan, zu Rebattet zu gehen, der mir wegen der Worte »es wäre gar nicht ausgeschlossen« nur umso unumstößlicher und verdächtiger erschien, machte mich unruhig. Es war der Tag, an dem die Verdurins Besucher empfingen, und seit Swann ihnen gesagt hatte, dass dies das beste Haus dafür sei, bestellten sie dort Eis und Teegebäck. »Ich hätte gegen Eis gar nichts einzuwenden, meine liebste Albertine, aber lassen Sie es mich für Sie bestellen, ich weiß selbst noch nicht recht, ob bei Poiré-Blanche, bei Rebattet oder im Ritz, aber das werde ich ja sehen.« – »Sie gehen demnach aus?« sagte sie mit argwöhnischer Miene. Sie gab immer vor, dass sie entzückt wäre, wenn ich mehr ausginge, doch wenn ich auch nur mit einem Wort andeutete, ich würde nicht zu Hause bleiben, gab ihre besorgte Miene Anlass zu der Vermutung, dass ihre angebliche Freude darüber, mich pausenlos ausgehen zu sehen, vielleicht nicht sehr aufrichtig sein würde. »Vielleicht werde ich ausgehen, vielleicht auch nicht, Sie wissen ja, dass ich nie Pläne im Voraus mache. So oder so ist Eis nichts, was man durch die Straßen schieben und ausrufen würde, warum also wollen Sie welches?« Und dann antwortete sie mir mit diesen Worten, die mir zeigten, wie viel an Verstand und latentem Geschmack sich tatsächlich in ihr unversehens seit Balbec entwickelt hatte, mit diesen Worten von der Art jener, die sie ihrer Behauptung nach einzig meinem Einfluss, dem ständigen Zusammenleben mit mir zu verdanken habe, diesen Worten, die ich dennoch niemals gesagt hätte, als ob mir von einem Unbekannten verboten worden wäre, jemals im Gespräch literarische Formen zu benutzen. Womöglich würde die Zukunft doch nicht die gleiche sein für Albertine und für mich. Ich hatte fast diese Vorahnung, als ich sie so eifrig beim Sprechen Bilder benutzen sah, die ganz der Schriftsprache entstammten und die mir einem anderen, höheren Zweck vorbehalten zu sein schienen, von dem ich nur noch nichts wusste. Sie sagte zu mir (und ich war trotz allem tief berührt, denn ich dachte: »Sicher, ich würde nicht wie sie reden, aber immerhin würde sie nicht so reden ohne mich, sie hat meinen Einfluss gründlich aufgesogen, es kann demnach gar nicht sein, dass sie mich nicht liebt, sie ist mein Werk«): »Ich liebe es, an diesen ausgerufenen Nahrungsmitteln zu erleben, wie eine Sache, die ich gehört habe wie eine Rhapsodie, bei Tisch ihr Wesen verändert und sich an meinen Geschmackssinn wendet. Beim Eis (und ich hoffe doch sehr, dass Sie mir nur welches aus diesen altmodischen Modeln bestellen werden, die alle nur möglichen Architekturformen nachbilden) ergeht es mir, wenn ich welches esse, immer so, dass diese Tempel, Kirchen, Obelisken und Felsen für mich wie eine pittoreske Geographie sind, die ich zuerst betrachte und deren Monumente aus Himbeer oder Vanille ich daraufhin in meinem Schlund in Frische und Kühle verwandle.« Mir war das ein wenig zu gut gesagt, aber sie spürte, dass ich es jedenfalls gut gesagt fand, und fuhr fort, wobei sie immer einen Augenblick innehielt, wenn ihr ein Vergleich gelungen war, um ihr schönes Lachen zu lachen, das so grausam für mich war, weil es so wollüstig war: »Mein Gott, im Ritz werden Sie wohl, fürchte ich, Säulen wie die auf der Place Vendôme aus Eis finden, aus Schokoladen- oder aus Himbeereis, und dann würden wir mehrere brauchen, damit es aussieht wie Votivsäulen oder wie Masten in einer Allee zum Ruhm der Kälte. Sie machen auch Obelisken aus Himbeer, die sich hier und da aus der brennend heißen Wüste meines Durstes erheben könnten und deren rosa Granit ich tief in meiner Kehle schmelzen lasse würde, die sie dann besser erquicken werden als jede Oase« (und hier brach sie in dieses Lachen aus, entweder weil sie von ihrer eigenen Eloquenz begeistert war, oder aus Selbstironie, weil sie sich in einem so ausführlichen Bild ausdrückte, oder gar, ach!, weil die physische Lust, etwas so Gutes, Kühles in sich zu spüren, ihr eine Art Wollust verschaffte).

Marcel noch mit Hut.

Hüte dich!

(1)

Ich wartete weitere zehn Minuten, und nachdem man mich gebeten hatte, nicht allzu lange zu bleiben, da der Herr Baron sehr erschöpft sei und mehrere höchst wichtige Personen habe abweisen müssen, die sich schon vor Tagen mit ihm verabredet hatten, führte man mich zu ihm. Diese Inszenierung um Monsieur de Charlus schien mir von sehr viel weniger Größe geprägt als die Schlichtheit seines Bruders Guermantes, doch schon hatte die Tür sich geöffnet, und ich sah den Baron in einem chinesischen Hausmantel mit bloßem Hals ausgestreckt auf einem Sofa liegen. Im gleichen Augenblick wurde ich vom Anblick eines »Glanz-Zylinders« und eines Pelzmantels auf einem Stuhl überrascht, als ob der Baron gerade erst nach Haus gekommen wäre. Der Kammerdiener zog sich zurück. Ich glaubte, Monsieur de Charlus werde mir entgegenkommen. Doch ohne eine Bewegung zu machen, heftete er einen unerbittlichen Blick auf mich. Ich näherte mich ihm, sagte guten Tag, er aber reichte mir nicht die Hand, antwortete mir nicht, forderte mich nicht einmal auf, Platz zu nehmen. Nach einer Weile fragte ich ihn, wie man einen schlechterzogenen Arzt fragen würde, ob es notwendig sei, dass ich stehen bliebe. Ich tat das ohne böse Absicht, aber der Ausdruck kalter Wut, den Monsieur de Charlus zeigte, schien sich noch zu verstärken. Übrigens wusste ich nicht, dass er bei sich auf dem Land, im Schloss Charlus, die Gewohnheit hatte, sich nach dem Diner in einem Sessel im Rauchzimmer auszustrecken und seine Gäste um sich herum stehen zu lassen, so sehr liebte er es, König zu spielen. Er bat den einen um Feuer, bot einem anderen eine Zigarre an und sagte dann nach einigen Minuten: »Aber Argencourt, so setzen Sie sich doch, nehmen Sie sich einen Stuhl, mein Lieber«, usw., nachdem er sie möglichst lange hatte stehen lassen, um ihnen zu zeigen, dass sie von ihm und nur von ihm die Erlaubnis erhielten, sich zu setzen. »Nehmen Sie in dem Louis-Quatorze-Sessel Platz«, erwiderte er mir mit gebieterischer Miene und eher, damit ich mich von ihm entfernen musste, denn dass ich mich setzte. Ich nahm einen Sessel, der nicht weit weg stand. »Ah!, das also nennen Sie einen Louis-Quatorze-Sessel, ich sehe schon, Sie sind ein gebildeter junger Mann«, rief er voller Hohn. Ich war derart verdutzt, dass ich mich nicht rührte, weder um fortzugehen, wie ich es hätte tun sollen, noch um einen anderen Sessel zu nehmen, wie er das wollte. »Monsieur«, sagte er zu mir, wobei er jedes Wort abwog und die unverschämtesten darunter mit einem Doppelkonsonanten ansetzte, »die Unterredung, die Ihnen zu gewähren ich mich herbeigelassen habe auf Bitten einer Person hin, die wünscht, nicht genannt zu werden, bedeutet zugleich das endgültige Ende unserer Beziehungen. Ich verhehle Ihnen nicht, dass ich mehr erwartet hatte; ich würde vielleicht dem Sinn der Worte ein wenig Gewalt antun, was man vermeiden sollte, selbst gegenüber jemandem, der ihren Wert nicht kennt, schon allein aus Selbstachtung, wenn ich Ihnen sagte, dass ich für Sie eine gewisse Sympathie gehegt hätte. Ich glaube immerhin, dass das Wort ›Wohlwollen‹ in seinem wirkungsvollsten Sinn von Protektion weder über das hinausginge, was ich empfand, noch das, was ich vorhatte zu bezeigen. Nach meiner Rückkehr nach Paris hatte ich Sie noch in Balbec wissen lassen, dass Sie auf mich zählen können.« Da ich mich nur allzu deutlich erinnerte, mit welch abrupter Ausfälligkeit Monsieur de Charlus in Balbec von mir weggegangen war, machte ich eine verneinende Gebärde. »Wie?« rief er voller Zorn (und tatsächlich war sein bleiches, zuckendes Gesicht gegenüber seinem normalen Gesicht so sehr verändert wie das Meer, wenn man an einem stürmischen Morgen statt der gewohnten lächelnden Oberfläche tausend Schlangen von Schaum und Geifer sieht), »Sie behaupten, Sie hätten meine Botschaft – fast eine Erklärung – nicht erhalten, dass Sie sich meiner zu erinnern hätten? Womit war denn das Buch verziert, welches ich Ihnen zukommen ließ?«

»Mit einem sehr hübschen Blumenornament«, sagte ich.

»Ah!«, antwortete er mit verächtlicher Miene, »die jungen Franzosen kennen die Meisterwerke unseres Landes kaum. Was würde man von einem jungen Berliner halten, der die Walküre nicht kennt? Sie müssen zudem Ihre Augen haben, um nicht zu sehen, denn Sie haben mir selbst erzählt, dass Sie zwei Stunden vor diesem Meisterwerk zugebracht hätten. Ich sehe schon, dass Sie sich mit Blumen nicht besser auskennen als mit Stilen; widersprechen Sie nicht wegen der Stile«, rief er im schrillen Ton äußerster Wut, »Sie wissen ja nicht einmal, worauf Sie sich setzen, Sie bieten Ihrem Hintern einen Sessel aus dem Direktorium als eine Louis-Quatorze-Liege an. Demnächst werden Sie den Schoß von Madame de Villeparisis für eine Toilette halten und ich weiß nicht was veranstalten. Dito haben Sie nicht einmal im Einband des Buches von Bergotte den Türsturz mit Myosotis* aus der Kirche von Balbec erkannt. Gibt es eine deutlichere Art, Ihnen zu sagen: ›Vergessen Sie mich nicht‹?«

Ich betrachtete Monsieur de Charlus. Gewiss, sein prachtvoller, dabei abstoßender Kopf zeichnete ihn dennoch gegenüber den Seinigen aus; man hätte von einem gealterten Apollon sprechen können; aber ein gelbgrüner, galliger Saft schien aus seinem bösartigen Mund hervorquellen zu wollen. Hinsichtlich der Intelligenz konnte man nicht leugnen, dass die seinige, die ganz andere Horizonte anvisierte, Zugriff auf viele Dinge hatte, die dem Herzog von Guermantes für immer unbekannt bleiben würden. Doch mochte er auch seinen ganzen

* Vergissmeinnicht.

Hass mit noch so schönen Worten ausstaffieren, man spürte doch, ob seinen Ausbrüchen nun verletzter Stolz oder enttäuschte Liebe zugrunde lag, ob ihn nun Groll, Sadismus, Ironie oder eine Obsession befeuerten, dass dieser Mann in der Lage war, einen Mord zu begehen und mit Hilfe von Logik und schöner Sprache zu beweisen, dass er jedes Recht dazu hatte und dennoch haushoch über seinem Bruder, seiner Schwägerin usw. usw. stehe. »So wie in den Lanzen von Velasquez«, fuhr er fort, »der Sieger auf denjenigen in unterlegener Position zugeht, wie es jedes edle Wesen tun sollte, habe ich, denn ich war alles und Sie waren nichts, den ersten Schritt zu Ihnen hin getan. Sie haben töricht auf das erwidert, was mir nicht zusteht, Größe zu nennen. Aber ich habe mich nicht entmutigen lassen. Unsere Religion predigt uns Geduld. Die, die ich mit Ihnen hatte, wird mir, hoffe ich, zugutegehalten werden, wie auch, nur gelächelt zu haben über das, was als Unverschämtheit bezeichnet werden könnte, wenn es in Ihrer Macht läge, solche gegenüber jemandem zu beweisen, der Sie um Ellen überragt, aber schließlich, Monsieur, ist von all dem keine Rede mehr. Ich habe Sie der Prüfung unterworfen, die der einzige hervorragende Mann unserer Kreise geistvollerweise die Prüfung der übergroßen Liebenswürdigkeit nennt und die er mit gutem Grund die schrecklichste Prüfung von allen nennt, die einzige, die die Spreu vom Weizen zu trennen vermag. Ich werfe Ihnen nicht vor, dass Sie sich ihr ohne Erfolg unterzogen haben, denn derer, die siegreich aus ihr hervorgehen, sind wenige. Doch zumindest, und das ist die Konsequenz, die ich aus den letzten Worten, die wir in dieser Welt wechseln werden, zu ziehen entschlossen bin, gedenke ich hinfort in Sicherheit zu bleiben vor Ihren verleumderischen Erdichtungen.«

Es war mir bisher noch gar nicht in den Sinn gekommen, dass Monsieur de Charlus' Wut von einer verletzenden Bemerkung herrühren könnte, die man ihm zugetragen hatte; ich befragte mein Gedächtnis; ich hatte mit niemandem über ihn gesprochen. Irgendein Lump hatte irgendetwas frei erfunden. Ich beteuerte Monsieur de Charlus, dass ich absolut nichts über ihn gesagt hätte. »Ich denke nicht, dass ich Sie damit verärgert haben könnte, dass ich zu Madame de Guermantes gesagt habe, wir seien befreundet.« Er lächelte verächtlich, ließ seine Stimme bis in die extremsten Lagen ansteigen und schlug dort mit Behagen den schärfsten und unverschämtesten Ton an:

»Oh!, Monsieur«, sagte er und kam mit extremer Langsamkeit zu einer natürlichen Tonlage zurück, als ob er sich unterwegs an den bizarren Klängen dieser absteigenden Tonleiter berauschte, »ich denke, Sie haben sich selbst Schaden zugefügt, als Sie sich bezichtigten, gesagt zu haben, wir wären miteinander ›befreundet‹. Ich erwarte keine allzu große Genauigkeit im Ausdruck bei jemandem, der mit Leichtigkeit ein Chippendale-Möbel mit einem Rokoko-Stuhl verwechseln würde, aber schließlich denke ich nicht«, fügte er mit einer vokalen Zärtlichkeit hinzu, die zunehmend ironischer wurde und ein geradezu charmantes Lächeln um seine Lippen spielen ließ, »ich denke nicht, Sie hätten wirklich gesagt oder geglaubt, wir wären befreundet! Wenn Sie damit geprahlt hätten, mir vorgestellt worden zu sein, mit mir geplaudert zu haben, mich ein wenig zu kennen, fast ohne darum zu ersuchen die Möglichkeit erhalten zu haben, eines Tages mein Schützling zu sein, das hätte ich im Gegenteil ganz natürlich und vernünftig gefunden. Der extreme Altersunterschied zwischen uns gestattet mir, ohne ins Lächerliche zu verfallen, zuzugeben, dass diese Vorstellung, diese Plaudereien, dieser vage Ansatz einer Bekanntschaft für Sie, nun, es ist nicht an mir zu sagen eine Ehre waren, aber doch schließlich und endlich zumindest ein Vorteil, von dem ich meine, dass Ihre Dummheit nicht so sehr darin bestand, ihn verlautbart zu haben, als vielmehr ihn sich nicht zu bewahren gewusst zu haben. Ich würde sogar hinzufügen«, sagte er und ging plötzlich für einen Augenblick von hochmütigem Zorn auf eine so von Traurigkeit durchtränkte Sanftheit über, dass ich schon glaubte, er würde gleich weinen, »dass, als Sie den Vorschlag, den ich Ihnen in Paris machte, ohne Antwort ließen, dies mir dermaßen unerhört von Ihnen vorkam, der mir doch wohlerzogen zu sein schien und aus einem guten bürgerlichen Hause (allein bei diesem Adjektiv hatte seine Stimme einen kleinen impertinenten Nebenton), dass ich die Naivität besaß, an alle diese Pannen zu glauben, die niemals vorkommen, wie verlorengegangene Briefe oder falsch adressierte. Ich sehe nun, dass das eine große Naivität meinerseits war, aber auch der heilige Bonaventura wollte lieber glauben, ein Ochse könne fliegen, denn sein Bruder lügen. Nun gut, das ist vorbei, die Sache hat Ihnen nicht gefallen, es ist nicht mehr die Rede davon. Mir scheint nur, Sie hätten mir (und jetzt waren wirklich Tränen in seiner Stimme) schreiben können, und wäre es nur aus Rücksicht auf mein Alter. Ich hatte für Sie unendlich verlockende Dinge im Sinn, die Ihnen zu verraten ich mich wohl gehütet habe. Sie haben es vorgezogen, abzulehnen, ohne Bescheid zu wissen, gut, das ist Ihre Angelegenheit. Aber man kann immer, wie ich schon sagte, schreiben. Ich an Ihrer Stelle, und selbst an meiner, hätte es getan. Insofern gefällt mir meine Stelle besser als Ihre, ich sage ›insofern‹, denn ich glaube, dass alle Stellen gleich sind, und ich hege mehr Sympathie für einen intelligenten Arbeiter als für so manchen Herzog. Aber ich kann sagen, dass ich meine Stelle bevorzuge, denn was Sie getan haben, das habe ich in meinem ganzen Leben, das anfängt, recht lang zu werden, niemals getan, so viel weiß ich. (Sein Kopf war ins Dunkel gewendet, so dass ich nicht sehen konnte, ob aus seinen Augen tatsächlich Tränen rannen, wie seine Stimme vermuten ließ.) Ich sagte Ihnen bereits, dass ich Ihnen hundert Schritte entgegengekommen bin, aber das hatte nur die Wirkung, dass Sie zweihundert zurückgewichen sind. Nun ist es an mir, mich zu entfernen, und wir kennen uns nicht mehr. Ich werde mir Ihren Namen nicht merken, aber Ihren Fall, damit ich mich an Tagen, an denen ich versucht bin zu glauben, die Menschen hätten ein Herz und besäßen Höflichkeit, oder auch nur so viel Verstand, sich eine Chance ohnegleichen nicht entgehen zu lassen, daran erinnere, dass das hieße, sie zu hoch zu veranschlagen. Nein, dass Sie gesagt haben, Sie kennten mich, als es noch wahr war – denn nun ist dem nicht mehr so –, das kann ich nur natürlich finden und nehme es als eine Huldigung, das heißt als etwas Angenehmes. Unglücklicherweise haben Sie, andernorts und unter anderen Umständen, sehr andersartige Reden geführt.«

»Monsieur, ich schwöre Ihnen, dass ich nichts gesagt habe, was Sie beleidigen könnte.«

»Und wer sagt Ihnen, dass ich beleidigt sei?« rief er zornbebend und richtete sich heftig in seiner Chaiselongue empor, auf der er bis dahin unbeweglich verharrt hatte, während sich die fahlen, schaumigen Schlangen in seinem Gesicht wanden und seine Stimme abwechselnd grell und dumpf wurde wie ein ohrenbetäubender, entfesselter Sturm. (Die Lautstärke, mit der er für gewöhnlich sprach und die Unbekannte auf der Straße veranlasste, sich umzudrehen, war verhundertfacht, wie ein forte, wenn es nicht auf dem Klavier gespielt wird, sondern vom Orchester, und zudem zum fortissimo geworden. Monsieur de Charlus tobte.) »Ja glauben Sie denn, Sie seien in der Lage, mich zu beleidigen? Wissen Sie immer noch nicht, mit wem Sie reden? Glauben Sie, der vergiftete Speichel von fünfhundert Männeken Ihres Schlages könnte, selbst man sie aufeinanderstapelt, auch nur meine erhabenen Zehen besudeln?«

Seit ein paar Minuten war mein Wunsch, Monsieur de Charlus davon zu überzeugen, dass ich niemals Schlechtes über ihn gesagt oder gehört hatte, einer rasenden Wut gewichen, verursacht durch die Worte, die ihm, nach meiner Einschätzung, einzig sein ungeheurer Dünkel diktierte. Vielleicht gingen sie wenigstens zum Teil wirklich auf diesen Dünkel zurück. Doch fast der ganze Rest entsprang einem Gefühl, von dem ich noch nichts wusste, so dass man mir keinen Vorwurf machen kann, wenn ich es nicht in Betracht zog. Hätte ich mich an die Worte der Madame de Guermantes erinnert, so hätte ich statt dieses unbekannten Gefühls dem Dünkel wenigstens ein bisschen Verrücktheit beimischen können. Doch in diesem Augenblick kam mir der Gedanke an Verrücktheit nicht einmal in den Sinn. In Charlus war nach meinem Eindruck nichts als Dünkel, und in mir war nichts als Wut. Diese Wut war (in jenem Augenblick, in dem Monsieur de Charlus aufhörte zu toben, um mit einer Hochherrlichkeit, die von einer Brechreiz-Grimasse aus Ekel vor seinen obskuren Verleumdern begleitet war, von seinen erhabenen Zehen zu sprechen) nicht mehr zu bändigen. In einem plötzlichen Impuls wollte ich auf irgendetwas einschlagen, und da mich ein Rest von Besinnung von einem Mann zurückhielt, der so viel älter war als ich, und sogar, wegen seines künstlerischen Rangs, von dem Dresdner Porzellan, das um ihn herum stand, stürzte ich mich auf den neuen Zylinderhut des Barons, warf ihn zu Boden, trampelte auf ihm herum, ließ nicht ab, bis er völlig kaputt war, fetzte das Futter heraus, riss die Krone entzwei, ohne auf das Gegeifer von Monsieur de Charlus zu hören, das immer weiterging, durchquerte den Raum, um fortzugehen, und öffnete die Tür.

(2)

Meine liebe Maman,
da ich nicht mit Dir sprechen kann, schreibe ich Dir, um Dir zu sagen, dass ich Dich unbegreiflich finde. Du weißt oder ahnst, dass ich jede Nacht unter Tränen zubringe, seit ich zurückgekommen bin, und nicht ohne Grund; und dann sagst Du mir den ganzen Tag lang Dinge wie: »Ich habe die ganze letzte Nacht nicht schlafen können, weil die Dienstboten um elf Uhr zu Bett gegangen sind.« Ich wünschte, das wäre es nur, was mich am Schlafen hindert! Heute, als ich dem Ersticken nahe war, habe ich den Fehler begangen, nach Marie zu klingeln (um etwas zum Räuchern zu bekommen), die kam und mir erklärte, dass sie mit dem Frühstück fertig sei, und Du mich unverzüglich dafür bestraft hast, indem Du den ganzen Tag, seit ich mein Trional genommen hatte, hast herumhämmern und schreien lassen. Durch Deine Schuld war ich derart mit den Nerven runter, dass ich, als der gute alte Fénelon mit Lauris vorbeikam, auf ein Wort hin, das er zu mir sagte und das, wie ich sagen muss, sehr unangenehm war, mit Faustschlägen über ihn (Fénelon, nicht Lauris) hergefallen bin und wie von Sinnen seinen neuen Hut, den er gerade gekauft hatte, genommen habe, ihn zertrampelt, zerstückelt und anschließend das Futter herausgefetzt habe. Da Du glauben könntest, ich übertreibe, füge ich diesem Brief ein Stückchen des Futters bei, damit Du siehst, dass es

stimmt. Aber wirf es nicht weg, weil ich möchte, dass Du es mir wiedergibst, denn es könnte ihm noch nützen. Aber wenn Du ihn siehst: versprich mir, kein Wort darüber! Im Übrigen bin ich beruhigt, dass das einem Freund widerfahren ist. Denn wenn in diesem Augenblick Papa oder Du mir etwas Unangenehmes gesagt hättet, dann hätte ich zwar zweifellos nichts getan, aber ich weiß nicht, was ich alles gesagt hätte. […]

(3)

In jenem Jahr hatten meine Eltern das Datum der Rückkehr nach Paris etwas früher gelegt als gewöhnlich, und am Morgen der Abfahrt, an dem man mich für eine Fotografie hatte frisieren lassen, mir einen Hut, den ich zuvor noch niemals getragen hatte, vorsichtig auf den Kopf gesetzt und mich mit einem samtenen Überrock bekleidet hatte, fand meine Mutter mich, nachdem man überall nach mir gesucht hatte, in Tränen aufgelöst auf dem schmalen steilen Pfad neben Tansonville, wie ich dabei war, dem Weißdorn Lebewohl zu sagen, die stachligen Zweige mit meinen Armen umfasste, und, wie eine tragische Prinzessin, die diese nichtigen Schmuckstücke beschweren, meine rausgerissenen Lockenwickler und meinen neuen Hut in den Schmutz trat, undankbar gegen die leidige Hand, die sich mit allen diesen Wickeln bemüht hatte, die Haare auf meiner Stirn zu ordnen. Meine Mutter war nicht sonderlich berührt von meinen Tränen, wohl aber konnte sie beim Anblick der zertretenen Kopfbedeckung und des ruinierten Samtrocks einen Aufschrei nicht unterdrücken. Ich hörte sie gar nicht: »Oh meine lieben kleinen Weißdornblüten«, sagte ich weinend, »nicht ihr seid es, die mir Kummer bereiten und mich zum Abschied zwingen wollen. Ihr habt mir niemals ein Leid getan! Ich werde euch auch immer lieben.« Und während ich meine Tränen trocknete, versprach ich ihnen, nicht das sinnlose

Leben der anderen nachzuahmen, wenn ich einmal groß wäre, und auch in Paris an Frühlingstagen, statt Besuche zu machen und mir dummes Zeug anzuhören, aufs Land zu fahren, um die erste Weißdornblüte zu sehen.

(4)

Unser Freund Marcel Proust, dessen Pastiches Lesern des *Figaro* bekannt sind, bewundert *Pelléas et Mélisande* von Debussy unendlich. Neulich verließ er eine Zusammenkunft gemeinsam mit einem Freund, der seinen Hut nicht finden konnte. Marcel improvisierte das folgende Duett. Wenn der Leser den Fragen das drängende, angespannte Parlando, und den Erwiderungen das melancholische Gewicht, die geheimnisvolle Kantilene Debussys verleiht, wird er die überwältigende Richtigkeit dieses kleinen Pastiche nicht etwa des Stückes von Maeterlinck, sondern des Librettos von Debussy erkennen (da besteht ein kleiner Unterschied).

MARKEL: Das war nicht gut, den Hut zu vergessen. Sie kriegen ihn nimmermehr zurück.

PELLÉAS: Warum sollte ich ihn denn nicht wiederkriegen?

MARKEL: Man kriegt niemals etwas wieder … da … er ist verloren, ganz verloren.

PELLÉAS: Wenn wir gehen, so nehmen wir irgendeinen – einen, der ihm gleicht.

MARKEL: Nichts könnte ihm gleichen.

PELLÉAS: Wie war er denn?

MARKEL, *ganz versonnen:*

Er war ein armer, kleiner Hut,
wie alle Welt ihn trägt.
Niemand wüsste zu sagen, zu wem er gehört … er
könnt' vom and'ren Ende der Welt … durchaus
gekommen sein.
Nun müssen wir nach ihm suchen, denn wir
werden ihn nicht finden.

Nu aber langsam!

(An Jacques Porel)

Ich werde die Rue Laurent-Pichat verlassen haben, wenn Sie zurückkommen. [...] Ich werde die schwarzen und weißen Blüten auf rotem Grund vermissen, aber ich habe sie ja beschrieben.* Und ich werde Ihnen die Beschreibung schicken, sobald ich mich wieder eingerichtet habe. Reynaldo Hahn hat mich auf ein Appartement in der Rue de Rivoli für 3000 Francs hingewiesen (was ich in der Woche ausgebe). Die Prinzessin Soutzo, die ihre Morgenspaziergänge jetzt »ein Appartement für Marcel suchen« nennt, hat eines für 30 000 Francs gefunden; sie sagte dazu: das kommt mir recht teuer vor, sogar für Céleste. Seien Sie so freundlich, Ihrer Frau Mutter zu sagen, dass ich in der Rue Laurent-Pichat weder ein Klavier noch eine Mätresse hatte. Ich bin unschuldig an dem Lärm im Gebäude, der von einer Etage zur anderen Beschwerden hervorruft. Die Nachbarn, von denen mich nur eine dünne Wand trennt, gehen zudem tagtäglich der Liebe mit einer Besessenheit nach, die mich eifersüchtig macht. Wenn ich bedenke, dass diese Gefühlswahrnehmung für mich sehr viel schwächer ist, als ein frisches Glas Bier zu trinken, be-

* Siehe die Bemerkung zu dieser Seite im Kapitel »Schluss mit lustig«.

neide ich Leute, die derartige Schreie ausstoßen können, dass ich beim ersten Mal an einen Meuchelmord dachte, aber dann wurde recht bald der Schrei der Frau eine Oktave tiefer vom Mann aufgenommen, was mich darüber beruhigte, was da vorging. Ich bin nicht für diesen Radau verantwortlich, den man über ähnlich große Entfernungen hören können dürfte wie diese Schreie verliebter Wale, die Michelet aufgerichtet zeigt wie die beiden Türme von Notre-Dame.

Mann und Frau scheinen übrigens einen ebenso großen Hang zu Zärtlichkeiten zu haben wie Angst vor Kindern. Der letzte Schrei ist noch nicht ganz ausgestoßen, da stürzen sie sich aufs Bidet und der Radau endet mit dem Geräusch fließenden Wassers. Dass ein Übergang so völlig fehlt, erschöpft mich an ihrer Stelle, denn wenn es etwas gibt, was ich *danach* verabscheue, jedenfalls *sofort danach*, dann ist es, mich zu bewegen. Welche Ichbezogenheit auch immer darin liegen mag, die milde Wärme eines Mundes, der nichts mehr aufzunehmen hat, an derselben Stelle festzuhalten.

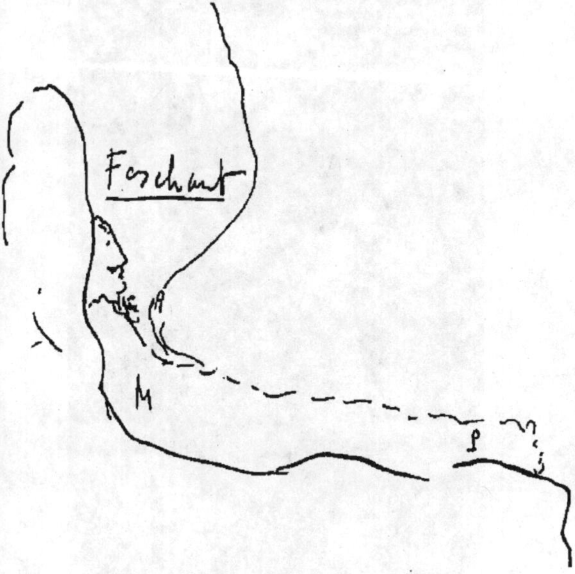

»Empörend« MP

Proust in Orléans. Dies ist keine Fotomontage.

Infanterie

(1)

Der eine erzählte, der Rittmeister habe ein neues Pferd gekauft. »Der kann so viele Pferde kaufen, wie er will. Ich bin am Sonntagmorgen in der Akazienallee Saint-Loup begegnet, der reitet mit einem ganz anderen Schick!« antwortete der andere; und er wusste, wovon er sprach; denn diese jungen Leute gehörten einer Klasse an, die sich, wenn sie auch nicht mit den gleichen Leuten der großen Welt verkehrt, doch dank des Geldes und der Muße hinsichtlich ihrer Erfahrung mit allen käuflich erhältlichen Extravaganzen in nichts von der Aristokratie unterschied. Die ihren waren höchstens, zum Beispiel was Kleidung anbetraf, etwas bemühter, makelloser als diese ungezwungene und nachlässige Eleganz Saint-Loups, die meiner Großmutter so gut gefiel. Für diese Söhne von Großbankiers oder Wechselmaklern war es ein kleines Ereignis, nach dem Theater ein paar Austern essen zu gehen und an ihrem Nachbartisch den Fahnenjunker Saint-Loup sitzen zu sehen. Und was wurde dann am Montagmorgen nach der Rückkehr aus dem Urlaub in der Kaserne erzählt, von dem einen, der zu Roberts Einheit gehörte und der von ihm »sehr freundlich« gegrüßt worden war, von einem anderen, der nicht zur gleichen Einheit gehörte, aber dennoch glaubte, von Saint-Loup erkannt worden zu sein, denn dieser hatte zwei- oder dreimal sein Monokel auf ihn gerichtet. »Ja, mein Bruder hat ihn im ›La Paix‹ gesehen«, sagte ein dritter, der den Tag bei seiner Mätresse verbracht hatte, »er scheint einen zu großen Rock angehabt zu haben, der gar nicht gut saß.« – »Was für eine Weste hatte er denn an?« – »Keine weiße, eine malvenfarbene mit so einer Art Palmen drauf, da fällt dir die Klappe runter!« Für die Altgedienten (Leute aus dem Volk, die vom Jockey-Club nichts wussten und die Saint-Loup lediglich in die Kategorie sehr reicher Offiziersanwärter einreihten, in der sie alle unterbrachten, die, ob nun pleite oder nicht, einen gewissen Standard aufrechterhielten, hinreichend hoch bezifferte Einkünfte oder Schulden hatten und freigiebig zu den Soldaten waren) waren Saint-Loups Auftreten, Monokel, Hosen und Kepis nicht weniger interessant und bedeutungsvoll, auch wenn sie darin nichts Aristokratisches sahen. Sie erkannten in diesen Eigenheiten die Einstellung und die Wesensart, die sie ein für alle Mal diesem beliebtesten Offizier des Regiments zugeschrieben hatten, Verhaltensweisen, wie sie sonst keiner hatte, und eine Gleichgültigkeit gegenüber dem, was die Vorgesetzten denken mochten, die ihnen als die natürliche Konsequenz seiner Liebenswürdigkeit gegenüber dem einfachen Soldaten erschien. Der Morgenkaffee auf der Stube oder die nachmittägliche Bettruhe gefielen ihnen besser, wenn ein alter Hase der genießerischen, faulen Truppe irgendeine saftige Einzelheit über eins von

Saint-Loups Kepis servierte. »So hoch wie mein Sturmgepäck. « – »Hör mal, Alter, du willst uns wohl vergackeiern, das kann nicht so hoch wie dein Sturmgepäck sein«, unterbrach ein junger Magister der Philosophie und der schönen Künste, der sich dieses Jargons bediente, um nicht wie ein grüner Junge zu wirken, und diesen Widerspruch wagte, um sich einen Sachverhalt bestätigen zu lassen, der ihn begeisterte. – »Ach!, das kann nicht so hoch wie mein Sturmgepäck sein? Du hast wohl nachgemessen. Ich sage dir, der Oberstleutnant hat ihn angestarrt, als ob er ihn in den Bau stecken wollte. Und glaubt bloß nicht, dass unser famoser Saint-Loup sich was drum scherte, der kam und ging, senkte nur kurz den Kopf, und dann immer diese Masche mit dem Monokel. Wollen nur mal sehen, was der Häuptling dazu sagt. Na ja, kann schon sein, dass er überhaupt nichts sagt, aber ganz bestimmt gefällt dem das kein bisschen. Aber dieses Kepi ist gar nichts so Tolles. Zu Hause, in der Stadt, soll er über dreißig davon haben.« – »Woher willste das denn wissen, Alter? Von unserem vermaledeiten Spieß?«, fragte der junge Magister unter gewissenhafter Verwendung der neuen grammatischen Formen, die er eben erst aufgeschnappt hatte und mit denen er stolzerfüllt seine Rede ausstaffierte. – »Woher ich das weiß? Von seinem Burschen, ist doch klar!« – »Das ist auch so einer, der sich nicht zu beklagen braucht!« – »Allerdings! Der macht mehr Knete als ich, so viel steht fest! Und obendrein gibt er ihm noch seine ganzen Sachen, und überhaupt alles Mögliche. In der Kantine hat er nicht genug kriegen können. Schon kommt unser Saint-Loup daher und stößt dem Küchenbullen Bescheid: ›Ich will, dass der ordentlich zu essen kriegt, egal was es kostet.‹« Der alte Hase glich die Belanglosigkeit der Worte durch besonderen Nachdruck in der Betonung aus und hatte mit dieser dürftigen Nachahmung den größten Erfolg.

(2)

[...] Nun, mein Lieber, ein Monat ist ja schon vergangen, und Dir bleiben nur noch elf Stücke von dem Kuchen zu verzehren, von denen sich ja ein oder zwei als Urlaub werden verdrücken lassen.

Ich habe mir einen Trick ausgedacht, um Dir die Zeit zu verkürzen. Nimm elf Tafeln Deiner Lieblingsschokolade und nimm Dir vor, immer nur am letzten Tag eines Monats eine davon zu essen – Du wirst Dich wundern, wie schnell sie verschwinden – und Dein Exil mit ihnen. Aber ich glaube, ich rede wirre und sage zudem etwas ganz Unvernünftiges, denn das würde nur Deine Dyspepsie verschlimmern.

Robert will einen Augenblick mit Joyant vorbeikommen, sie scheinen dicke Freunde zu sein. Joyant ist sehr gewachsen, aber ich wage nicht, ihn darauf aufmerksam zu machen.

Auf Wiedersehen, mein Lieber. Halte Dich wacker und sei der Sieger in einem Kampf, in dem Dein Glück und das unsere der Preis sein werden.

Ich liebe Dich zärtlich,
J. P.

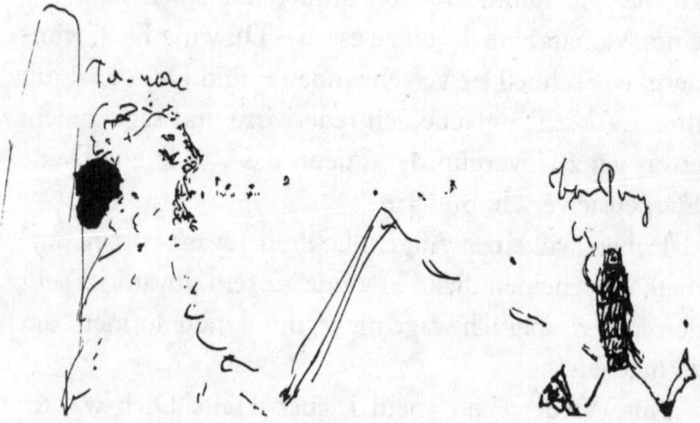

Toi-même (Du selbst) ——— Ton Poney (Dein Pony)

Infanterei

(1)

Sonntagmorgen [16. 9. 1894],
Roches noires, Trouville, Calvados

My little master,

Ihre kurze Nachricht, datiert Freitagabend, erreichte mich erst heute Morgen, während doch ein Brief vom Abend am [nächsten] Morgen ankommen sollte. – ? – Es war bezauberndes Wetter, mit Mondschein, zu dem Sie Ihre eigene Interpretation werden nachlesen können*. Madame Straus, der ich von Ihren »reizenden Qualitäten« und mehr erzählt habe, wird begeistert sein, Sie bei sich empfangen zu dürfen. Ohne nun die Verantwortung für eine solche Reise auf mich nehmen zu wollen, glaube ich, dass, falls Sie zwei Tage am Meer verbringen wollen, der richtige Augenblick dafür jetzt wäre – und zwar in Trouville. Falls Sie nicht können –

* Von Proust erschienen in *Les Plaisirs et les Jours* die beiden Studien »Sonate au clair de la lune« und »Comme à la lumière de la lune«. – Vermutlich spielt Proust aber zugleich auf »Claire de lune« an, einen Teil von Reynaldo Hahns Komposition *Séraphine*, zu der Heinrich Heine das Libretto verfasste (1896 erschienen). Die Noten zu »claire de lune« wurden 1896 in *Les Plaisirs et les Jours* abgedruckt (Paris: Gallimard; S. 192–197); allem Anschein nach lag die Komposition aber schon 1894 vor.

dann könnten Sie, da Maman bald nach Paris zurückkehren wird, nach ihrer Abreise kommen, um mich zu trösten. Aber sagen Sie mir Bescheid, denn in dem Fall würde ich nach Mamans Abreise im Hotel wohnen bleiben in der Annahme, dass Sie sicherlich in demselben wohnen würden, da es das beste ist. Falls Sie nicht kommen oder früher*: ich werde nach der Abreise von Maman bei der Familie Straus wohnen oder eher noch in Étretat bei einem Freund. Warum »Marcel das Pony«? Diese Neuerung gefällt mir nicht. Das klingt nach Jack l'Éventreur und nach Louis le Hutin. Vergessen Sie nicht, dass das kein Spitzname ist, denn ich bin, Reynaldo, in Wahrheit und Wirklichkeit

Ihr Pony
Marcel

* »plus tôt«; gemeint ist wahrscheinlich »plus tard« = ›später‹.

(2)

Bunimuls, ich habe fiel (nein) Fieber (etwas) und ich grütze Sie. Haben S.e meinen Prieff bekommen. Geben Sie Nachricht, Pözeficht, und herzählen Sie vom Déjeuner Chevigné (in Gänse) als Déjeuner für den König, ein Déjeuner (Chevigné) mit dem Sie mich unterhalten müssen. Lassen Sie die ausstehenden Berichte sich nicht anhäufen. Die Briefe über Artiklch* kommen weiterhin. Und der halte Halévy hat mir wegen diesem oder jenem nicht geschrieben, mir aber dies und das sagen lassen, und einen Artiklch ausgeschnitten und aufgeklebst und aufgehebst etc. Bize ist heute Abend gekommen (noch vor August, mein Ehrenwort als Tier, Zins und Kapital, wie es für Kinder verständlich ist – und sogar für uns). Haben die Henraux bei Reské gegessen oder später. Großartig, das Diner Reské war im *Phigaroo* (zwei Artikel). Aber nicht »the king's breakfeast«, zu ärgerlisch. Ich habe viele kleine amousante Briefe für Sie, aber in dem Zug, mit dem unsere beiden Taschen davon sind, wann werden wir uns sehen?

Hasdiö.
Märzzzlichs.

B.**

* »Sentiments filiaux d'un parricide« (dt. »Sohnesgefühle eines Muttermörders«) im *Figaro*, 1. Februar 1907.

** Anscheinend konnte Proust sich nicht entscheiden, mit wel-

(3)

Mehr noch als die des Träumers, in dem die Bienen
einen Freund gefunden (1)
verschmähtest du die süßen Früchte meiner wachen
Stunden (2)
O du, Reynaldo Hahn, der die Jungfrau von Avila
besser kennt, als … als … die Milch der Mamila.
Ich küsse (3) dich, unsteter Musikant,
der den Bart so oft wechselt wie das Gewand (4).

Hasdieu Gruncht.

Anmerkungen des Kommentators ein Jahrhundert später.

(1) Zweifellos sind die Bienen des Hymettos gemeint, figürlich: ein Poet.

(Nein, Dumpfbacke, das ist Meterlinc.)

(2) Figürlich: meine Werke. Denn angesichts der geringen Zahl von Büchern, die er hinterlassen hat, erscheint

chem seiner zahlreichen B-Namen er zeichnen sollte: Bunibuls, binibuls, Birninuls, Buls, Buncht, Bunchtniguls, Bunelniguls oder Bined tur buls. Ansonsten hatte er noch Funinels, Juninels, Guinbuls, Gruncht, Guerchtnibels, Minusnichant, Muncht, Puncht, Tinibuls, Vincht, Vunchnibuls, Vuncht, (H)ibuls, Irnuls, Uninuls, Cormouls und Cornouls im Repertoire.

es wenig wahrscheinlich, dass Monsieur Proust spät schlafen gegangen ist.

(3) Figürlich.

(4) Figürlich: flatterhaft.

(4)

Projekt für ein nettes Kirchenfensterlein,
Ausgeführt mit vieler Arsebeit und Pein;
Links sieht man Marie und Félicie die Wäsche
watschen,
Und munter dazu klagen und klatschen.

Rechts kriegt Bunibuls das Legras-Pulver nicht auf
für die Lungen,
Und um es anzuzünseln kommt Binchdinuls
angesprungen.
Bunibuls benutzt sein Bein als Keule,
Binchdinuls ist zerteilt von gotischer Säule,
All das um Binchdinuls zu zeigen, welchen Tag
er heute erblickt,
Damit keiner vergeht, ohne dass er kleine
Zeiwidchmunung schickt.

[Über dem eigentlichen Text unter einer ausgestrichenen Zeile: »Ich habe überall R, ›euch‹ reingeschrieben«. Die Klammer rechts darunter: »Refrain der Jungen in alter Zeit«.
Links beigeschrieben: ausgestrichen oder unleserlich.
Rechts beigeschrieben: »Da waren Bri, Guich, Loch, Luderch«.]

»Es ist schon lange her, dass man der unerträglichen Selbstgefälligkeit des Herrenreiters Gerechtigkeit hat widerfahren lassen, dem schon sein Reittier selbst zu sagen scheint: du bringst mich ins Schwitzen.«

Kompott

Ich wurde Monsieur de Norpois vor dem Essen von meinem Vater vorgestellt, der mich zu diesem Zweck in sein Arbeitszimmer rief. Bei meinem Eintritt erhob sich der Botschafter, reichte mir die Hand, neigte seine hohe Gestalt und heftete seine blauen Augen aufmerksam auf mich. Da die durchreisenden Fremden, die ihm zu der Zeit, als er Frankreich vertrat, vorgestellt wurden, mehr oder weniger – und waren es auch nur bekannte Sänger – angesehene Persönlichkeiten waren und er folglich von ihnen wusste, dass er später, wenn man ihren Namen in Paris oder in Petersburg erwähnte, sagen können würde, dass er sich ausgezeichnet an den Abend erinnere, den er in München oder Sofia mit ihnen verbracht habe, hatte er es sich zur Gewohnheit gemacht, ihnen durch seine Freundlichkeit die Befriedigung anzudeuten, die es ihm bereitete, sie zu kennen: Vor allem aber setzte er, in der Überzeugung, dass man durch das Leben in Hauptstädten, in der Begegnung zugleich mit interessanten Persönlichkeiten, die sie besuchen, wie auch mit den Gebräuchen des Volkes, das sie bewohnt, eine vertiefte Kenntnis, die auch die Bücher nicht vermitteln können, von der Geschichte, der Geographie, den Sitten der verschiedensten Nationen, den geistigen Strömungen Europas erwirbt, bei jedem Neuankömmling seine geschärften Fähigkeiten als Beobachter ein, um sich sogleich zu vergewissern, mit welcher Sorte Mensch er es zu tun hatte. Die Regierung hatte ihm schon lange keinen Posten im Ausland mehr anvertraut, doch noch immer begannen, als wären sie von seiner Versetzung in den einstweiligen Ruhestand nicht benachrichtigt worden, seine Augen, sobald ihm irgendjemand vorgestellt wurde, ergiebige Beobachtungen anzustellen, während er durch seine ganze Haltung zu zeigen suchte, dass ihm der Name des Fremden nicht unbekannt sei. Und daher hörte er die ganze Zeit, während er liebenswürdig und mit der gewichtigen Miene eines Mannes sprach, der sich seiner umfangreichen Erfahrung bewusst ist, nicht auf, mich mit einer durchdringenden, zielstrebigen Neugier prüfend zu betrachten, als wäre ich irgendein exotischer Brauch, irgendein lehrreiches Bauwerk oder irgendein Star auf Tournee. In dieser Weise legte er mir gegenüber zugleich die erhabene Liebenswürdigkeit des weisen Mentors wie auch die eifrige Neugier des jungen Anacharsis an den Tag.

Zur *Revue des Deux Mondes* machte er mir keinerlei Vorschläge, stellte mir aber eine Anzahl von Fragen über mein Leben und meine Studien, meine Neigungen, über die ich das erste Mal in einer Weise reden hörte, als könne es vernünftig sein, ihnen nachzugehen, während ich bis dahin geglaubt hatte, dass es eine Verpflichtung sei, ihnen entgegenzutreten. Da sie mich zur Seite der Literatur hin trugen, lenkte er mich nicht von ihr weg; er sprach im Gegenteil mit Hochachtung von ihr, wie von einem verehrungswürdigen und bezaubernden Mitglied eines auserlesenen Kreises, das man, aus Rom oder aus Dresden, in der besten Erinnerung hat und von dem man bedauert, dass man es, bedingt durch die Zwänge des Lebens, so selten wiedertrifft. Er schien mich, indem er auf fast anzügliche Weise lächelte, um die schönen Augenblicke zu beneiden, die sie mich, glücklicher und freier als er, würde erleben lassen. Aber schon die Begriffe, deren er sich bediente, zeigten mir die Literatur als sehr verschieden von dem Bild, das ich mir von ihr in Combray gemacht hatte, und ich begriff, dass ich doppelt recht daran getan hatte, ihrer zu entsagen. Bis jetzt war mir lediglich klar geworden, dass ich nicht das Talent zum Schreiben besaß; jetzt vertrieb mir Monsieur de Norpois sogar den Wunsch danach. Ich wollte ihm erklären, wovon ich geträumt hatte; vor Erregung zitternd, hätte ich mir Vorwürfe gemacht, wenn nicht alle meine Äußerungen die genaueste Entsprechung dessen gewesen wären, was ich empfunden und dem ich noch nie zuvor Ausdruck zu verleihen unternommen hatte; kurz gesagt, meine Äußerungen ließen jegliche Klarheit vermissen. Aus professioneller Gewohnheit vielleicht, vielleicht auch aufgrund der Gelassenheit, die sich jeder bedeutende Mann auferlegt, den man um Rat fragt und der, in der Gewissheit, die Gesprächsführung in der Hand zu halten, in aller Gemütlichkeit den Gesprächspartner sich abstrampeln, abrackern und abmühen lässt, vielleicht aber auch, um die charakteristischen

Merkmale seines Kopfes zur Geltung zu bringen (ihm zufolge griechisch, trotz des großen Backenbarts), bewahrte Monsieur de Norpois, während man ihm etwas auseinandersetzte, ein so gänzlich unbewegtes Gesicht, als hätte man zu irgendeiner antiken – und tauben – Büste in einer Glyptothek gesprochen. Wenn plötzlich dann die antwortende Stimme des Botschafters herniederging wie der Hammer eines Auktionators oder ein Orakelspruch in Delphi, beeindruckte sie einen noch umso mehr, als nichts in seinem Gesicht die Art von Eindruck hatte erahnen lassen, den man auf ihn gemacht hatte, noch auch das Urteil, das er verkünden würde.

»Genau«, sagte er plötzlich zu mir, als ob der Fall entschieden sei und nachdem er mich vor den unbewegten Augen, die mich nicht einen Augenblick losließen, hatte herumstottern lassen, »wie bei dem Sohn eines meiner Freunde, der, mutatis mutandis, ganz wie Sie ist« (und er bediente sich, um von unseren gemeinsamen Neigungen zu sprechen, eines solch beruhigenden Tones, als ob es sich dabei nicht um eine Neigung zur Literatur, sondern zum Rheumatismus handelte, und als ob er mir beweisen wollte, dass man daran nicht stirbt).

»Deshalb hat er es vorgezogen, dem Quai d'Orsay den Rücken zu kehren, obwohl ihm dort der Weg durch seinen Vater schon gebahnt war, und sich, ohne sich darum zu bekümmern, was man dazu sagen würde, ans Schreiben gemacht. Er hat gewisslich keinen Grund, dies zu bereuen. Er hat vor zwei Jahren – er ist übrigens wesentlich älter als Sie, naturgegebenermaßen – ein Werk veröffentlicht, welches das Gefühl der Unendlichkeit am Westufer des Viktoria-Njansa-Sees zum Thema hat, und dieses Jahr ein weniger wichtiges, aber mit geschickter, bisweilen gar spitziger Feder geschriebenes Büchlein über das Repetiergewehr der bulgarischen Armee, die ihn unzweifelhaft jenseits seinesgleichen gerückt haben. Er hat schon eine hübsche Strecke zurückgelegt und ist nicht der Mann, unterwegs stehen zu bleiben, und mir ist bekannt, dass man seinen Namen, ohne dass jedoch der Gedanke an eine Kandidatur ins Auge gefasst worden wäre, zwei- oder dreimal in der Akademie der Moralischen Wissenschaften gesprächsweise hat fallen lassen, und zwar in einer Weise, der nichts Ungünstiges anhaftete. Alles in allem hat er, ohne dass man jedoch sagen könnte, er sei am Gipfel angelangt, in edlem Kampf eine durchaus hübsche Stellung erobert, und der Erfolg, der nicht immer nur den Unruhestiftern und Wirrköpfen zufällt, den Umstandskrämern, die auch sonst Krämerseelen sind, der Erfolg hat seine Anstrengungen belohnt.«

Mein Vater, der mich bereits in wenigen Jahren Akademiemitglied werden sah, verströmte eine Zufriedenheit, die Monsieur de Norpois noch zu ihrem Höhepunkt führte, als er mir, nach einem Augenblick des Zögerns, während dessen er die Folgen seiner Handlung abzuschätzen schien, seine Karte überreichte und dazu sagte: »Besuchen Sie ihn doch mit meiner Empfehlung, er wird Ihnen nützliche Ratschläge erteilen können«, Worte, mit denen er mich in eine ebenso schmerzliche Unruhe versetzte, wie wenn er mir angekündigt hätte, dass man mich am nächsten Tag als Moses an Bord eines Seglers anmustern würde.

Meine Tante Léonie hatte mir zusammen mit vielen eher lästigen Gegenständen und Möbeln fast ihr ganzes Barvermögen vermacht – womit sie nach ihrem Tod eine Zuneigung zu mir zu erkennen gab, die ich während ihres Lebens kaum vermutet hatte. Mein Vater, der dieses Vermögen bis zu meiner Volljährigkeit zu verwalten hatte, zog Monsieur de Norpois über eine Reihe von Anlagemöglichkeiten zu Rate. Dieser empfahl Titel mit niedriger Verzinsung, die er für besonders solide hielt, vor allem englische Staatsanleihen und russische Vierprozenter. »Bei diesen erstklassigen Werten«, sagte Monsieur de Norpois, »sind Sie, auch wenn die Erträge nicht bedeutend sind, jedenfalls sicher, das Kapital niemals schwinden zu sehen.« Mein Vater erzählte ihm in groben Zügen, was er für das übrige Geld gekauft hatte. Monsieur de Norpois zeigte ein fast unmerkliches Gratulationslächeln: Wie alle Kapitalisten schätzte er ein Vermögen als eine begrüßenswerte Angelegenheit, fand es aber vornehmer, nur mit einem kaum eingestandenen Zeichen des Einverständnisses demjenigen zu gratulieren, der darüber verfügte; zudem hielt er es, da er selbst kolossal reich war, für geschmackvoller, sich den Anschein zu geben, noch die geringfügigsten Einkünfte anderer für beachtenswert zu halten, mit einem gleichwohl freudigen und behaglichen Gedanken an die Überlegenheit der seinigen. Andererseits zögerte er nicht, meinen Vater zu der »Komposition« seines Depots »von sehr sicherem, sehr ausgewogenem, sehr feinem Geschmack« zu beglückwünschen. Man hätte meinen mögen, er messe den Beziehungen der Börsenwerte untereinander, und selbst den Börsenwerten als solchen, so etwas wie ein ästhetisches Verdienst bei. Von einem ziemlich neuen und wenig beachteten, von dem mein Vater ihm erzählte, sagte Monsieur de Norpois, darin ganz wie manche Leute, die Bücher gelesen haben, die sie allein zu kennen glaubten: »Aber ja, ich habe mich eine Zeit lang damit vergnügt, seine Notierung zu verfolgen, er war interessant«, mit dem nachträglich begeisterten Lächeln eines Abonnenten, der den neuesten Zeitschriftenroman im Feuilleton in Fortsetzungen gelesen hat. »Ich würde Ihnen nicht davon abraten, die Emission zu zeichnen, die ja schon bald platziert werden wird. Sie ist attraktiv, man bietet Ihnen die Papiere zu verlockenden Ausgabekursen an.« Wegen einiger älterer Werte dagegen öffnete mein Vater, der sich nicht genau der Namen entsinnen konnte, die ja so leicht mit denen ähnlicher Aktien zu verwechseln sind, eine Schublade und zeigte dem Botschafter die Titel selbst. Ihr Anblick bezauberte mich; sie waren mit Turmspitzen von Kathedralen und mit allegorischen Figuren verziert, wie gewisse ältere Veröffentlichungen aus der Romantik, die ich früher einmal durchgeblättert hatte. Alles, was aus derselben Zeit stammt, ähnelt sich; die Künstler, die die Gedichte einer Epoche illustrieren, sind dieselben, die von den Finanzgesellschaften beschäftigt werden. Und nichts lässt so sehr an bestimmte Lieferungen des Glöckners von Notre-Dame oder der Werke von Gérard de Nerval denken, jener, die im Schaufenster des Kolonialwarenladens von Combray ausgehängt waren, wie, in ihrem rechteckigen, beblümten, von Flussgottheiten gestützten Rahmen, eine Namensaktie der Wasserversorgungsgesellschaft.

Mein Vater hegte für meine Art von Begabung eine Geringschätzung, die durch Zärtlichkeit so hinreichend ausgeglichen wurde, dass im Endergebnis seine Einstellung gegenüber allem, was ich machte, aus blinder Nachsicht bestand. Daher zögerte er denn auch nicht, mich loszuschicken, um ein kleines Prosagedicht zu holen, das ich damals in Combray bei der Rückkehr von einem Spaziergang gemacht hatte. Ich hatte es in einer Erregung geschrieben, die sich, wie mir schien, jedem mitteilen musste, der es lesen würde. Aber es konnte Monsieur de Norpois nicht für sich gewinnen, denn als er es mir zurückgab, geschah dies, ohne auch nur ein Wort zu mir zu sagen.

Meine Mutter, die großen Respekt vor den Angelegenheiten meines Vaters hatte, kam und fragte schüchtern, ob sie auftragen lassen könne. Sie hatte Angst, ein

Gespräch zu unterbrechen, zu dem sie nicht hinzugezogen worden wäre. Und in der Tat griff mein Vater, sobald er den Marquis an irgendeine nützliche Maßnahme erinnerte, die sie bei der nächsten Kommissionssitzung zu unterstützen beschlossen hatten, zu jenem besonderen Ton, den zwei Kollegen in ungewohnter Umgebung – darin Schulkameraden vergleichbar – miteinander anschlagen, in denen professionelle Gewohnheiten gemeinsame Erinnerungen schaffen, zu welchen die anderen keinen Zugang haben und denen gegenüber sie sich dafür entschuldigen, vor ihnen darauf zu sprechen zu kommen.

Aber die vollendete Beherrschung der Gesichtsmuskulatur, zu der es Monsieur de Norpois gebracht hatte, gestattete ihm, zuzuhören, ohne dass er zu hören schien. Mein Vater wurde schließlich verunsichert: »Ich habe den Gedanken erwogen, den Rat der Kommission einzuholen …«, sagte er nach langen Vorreden zu Monsieur de Norpois. Nun enttrat dem Gesicht des aristokratischen Virtuosen, der in der Bewegungslosigkeit eines Orchestermitglieds verharrt hatte, dessen Einsatz noch nicht gekommen ist, in einem gleichmäßigen Vortrag, in einem verschärften Ton und als ob er ihn lediglich zu Ende führe, doch dieses Mal mit einer anderen Klangfarbe unterlegt, der begonnene Satz: »Die Sie wohlgemerkt nicht zögern werden einzuberufen, da Ihnen ja überdies die Mitglieder persönlich bekannt sind und leicht herbeizitiert werden können.« Offenkundig war dies an sich kein besonders bemerkenswerter Schluss. Doch durch die Unbeweglichkeit, die ihm vorangegangen war, stach er mit der kristallinen Klarheit, dem geradezu boshaften Überraschungsmoment jener Phrasen in Konzerten von Mozart hervor, mit denen das Klavier, bis dahin stumm, genau im richtigen Augenblick dem soeben verklungenen Cello antwortet.

»Und du, warst du zufrieden mit deinem Theaterbesuch?«, fragte mich mein Vater, während wir zu Tisch gingen, um mich glänzen zu lassen und weil er glaubte, dass meine Begeisterung einen guten Eindruck auf Monsieur de Norpois machen würde. »Er hat gerade die Berma gehört, Sie erinnern sich, dass wir darüber miteinander gesprochen haben«, sagte er, sich nun dem Diplomaten zuwendend, in einem Ton rückblickender, sachverständiger und geheimnisumwitterter Anspielung, als ob es sich um eine Kommissionssitzung handelte.

»Da müssen Sie entzückt gewesen sein, insbesondere wenn es das erste Mal war, dass Sie sie gehört haben. Ihr Herr Vater war beunruhigt ob der nachteiligen Auswirkungen, die diese kleine Eskapade auf Ihren Gesundheitszustand haben könnte, denn Sie sind, wie ich glaube, ein wenig empfindlich, ein wenig zart. Aber ich habe ihn beruhigt. Die Theater sind heute nicht mehr so, wie sie vor nur zwanzig Jahren noch waren. Sie bekommen leidlich bequeme Sitze und frische Luft, auch wenn wir noch allerhand zu tun haben, um mit Deutschland und

England gleichzuziehen, die in dieser Hinsicht, wie auch in vielen anderen, einen erheblichen Vorsprung vor uns haben. Ich habe Madame Berma nicht in Phädra gesehen, aber man hat mir erzählt, dass sie hervorragend darin war. Und Sie sind natürlich hingerissen gewesen?«

Monsieur de Norpois, der tausendmal klüger war als ich, musste im Besitz jener Wahrheit sein, die ich nicht aus dem Spiel der Berma zutage zu fördern vermocht hatte, er würde sie mir enthüllen; mit meiner Antwort auf seine Frage wollte ich ihn zugleich bitten, mir zu sagen, worin diese Wahrheit bestand; damit würde er auch mein Verlangen, die Schauspielerin zu sehen, nachträglich rechtfertigen. Mir stand nur ein Augenblick zur Verfügung, ich musste ihn nutzen und meine Ausforschung auf die wesentlichen Punkte lenken. Aber welche waren das? Während ich meine Aufmerksamkeit gänzlich auf meine so verworrenen Eindrücke richtete und nicht im entferntesten darauf aus war, die Bewunderung von Monsieur de Norpois zu erregen, sondern von ihm die ersehnte Wahrheit zu erlangen, versuchte ich gar nicht, die Worte, die mir fehlten, durch Gemeinplätze zu ersetzen, sondern stotterte und gestand schließlich in dem Versuch, ihn zu einer Erklärung herauszufordern, was an der Berma bewunderungswürdig war, dass ich enttäuscht gewesen sei.

»Wie das«, rief mein Vater aus, verärgert über den peinlichen Eindruck, den das Bekenntnis meines Unverständnisses bei Monsieur de Norpois hinterlassen mochte, »wie kannst du behaupten, dass du kein Vergnügen gehabt hast? Deine Großmutter hat uns erzählt, dass du dir nicht ein Wort von dem, was die Berma sagte, hast entgehen lassen, dass dir die Augen aus dem Kopf gefallen sind, dass sich niemand sonst im Saal so aufgeführt hat.«

»Ja schon, ich habe so gut wie ich konnte zugehört, um herauszufinden, was so bemerkenswert an ihr ist. Auf jeden Fall ist sie sehr gut …« – »Wenn sie sehr gut ist, was willst du dann noch?« – »Einer der Umstände, die ganz sicherlich zum Erfolg der Madame Berma beigetragen haben«, sagte Monsieur de Norpois, wobei er sich geflissentlich an meine Mutter wandte, um sie nicht aus dem Gespräch auszuschließen und also gewissenhaft seine Höflichkeitspflicht gegenüber einer Gastgeberin zu erfüllen, »ist der vorzügliche Geschmack, den sie bei der Wahl ihrer Rollen beweist und der ihr immer einen uneingeschränkten Erfolg sichert, und zwar verdientermaßen. Sie spielt selten Mittelmäßiges. Sie sehen, sie hat sich an die Rolle der Phädra gewagt. Diesen Geschmack beweist sie übrigens auch bei ihren Kostümen, bei ihrem Spiel. Obwohl sie häufige und einträgliche Gastspiele in England und Amerika gegeben hat, so hat doch die Gewöhnlichkeit ich will nicht sagen von John Bull, denn das wäre ungerecht, zumindest gegenüber dem England der viktorianischen Zeit, aber die des Onkel Sam, nicht auf sie abgefärbt. Niemals zu auffällige Farben, übertriebene Ausbrüche. Und dann diese wunderbare Stimme, die sie so trefflich beherrscht und auf der sie zum Entzücken spielt, ich wäre fast versucht zu sagen, wie eine Musikerin!«

Mein Interesse am Vortrag der Berma hatte seit dem Ende der Vorstellung beständig zugenommen, weil es nun nicht mehr den Zwängen und Einschränkungen der Wirklichkeit unterlag; aber ich verspürte das Bedürfnis, dafür Erklärungen zu finden, vor allem, als es sich, während die Berma spielte, gleichmäßig, in der Unteilbarkeit des Lebens, auf alles bezogen hatte, was sie meinen Augen, meinen Ohren darbot; es hatte nichts getrennt und unterschieden; außerdem war es glücklich, in diesen Lobreden auf die Schlichtheit und den guten Geschmack der Künstlerin einen vernünftigen Grund für sich zu entdecken, es zog sie mit seiner Aufnahmekraft an sich, bemächtigte sich ihrer wie der Optimismus eines Mannes, der berauscht ist von den guten Taten seines Nachbarn, in denen er einen Anlass zur Rührung sieht. »Das stimmt«, sagte ich mir, »welch schöne Stimme, welch Fernbleiben von Ausbrüchen, welch einfache Kostüme, welche Klugheit, Phädra gewählt zu haben! Nein, ich bin nicht enttäuscht gewesen.«

Das kalte Rind an Karotten machte seinen Auftritt, von dem Michelangelo unserer Küche auf riesige Kristalle von Aspik, gleich Blöcken von durchsichtigem Quarz, gebettet.

»Sie haben einen Küchenchef erster Güte, gnädige Frau«, sagte Monsieur de Norpois. »Und das ist keine

Kleinigkeit. Ich, der ich in der Fremde einen gewissen Stil des Hauses aufrechtzuerhalten hatte, ich weiß, wie schwierig es häufig ist, einen perfekten Küchenchef zu finden. Das ist ja ein wahres Liebesmahl, zu dem Sie uns da geladen haben.«

Und tatsächlich hatte Françoise, von dem Ehrgeiz aufgestachelt, vor einem bedeutenden Gast mit einem Essen aufzuwarten, das endlich die Schwierigkeiten bereitete, die ihrer würdig waren, eine Mühe aufgeboten, die sie sich nicht mehr machte, wenn wir allein waren, und ihren unvergleichlichen Stil von Combray wiedergefunden.

»So etwas, das kann man im Wirtshaus nicht bekommen, und ich sage, auch nicht in den besten: ein Rinderbraten en daube, bei dem der Aspik nicht nach Leim schmeckt und bei dem das Rind vom Aroma der Karotten angenommen hat, das ist beachtlich! Gestatten Sie mir, darauf zurückzukommen«, fügte er hinzu und wies auf den Aspik, um anzudeuten, dass er davon nachnehmen wollte. »Ich hätte nicht übel Lust, Ihren Vatel jetzt mit einer ganz anderen Aufgabe zu prüfen, ich würde ihn zum Beispiel gern im Gefecht mit dem Bœuf Stroganoff sehen.«

Monsieur de Norpois tischte uns, um auch seinerseits zur angenehmen Stimmung der Mahlzeit beizutragen, verschiedene Histörchen auf, mit denen er häufig seine Berufskollegen freihielt, und zitierte bald den lächerlichen, gewundenen Satz eines Politikers, dem das öfter passierte und der sie ausgedehnt und gespickt mit zusammenhanglosen Bildern anrichtete, bald die kernige Formulierung eines Diplomaten voller attischem Salz. Aber ehrlich gesagt ähnelte das Kriterium, das für ihn diese beiden Klassen von Sätzen unterschied, in keiner Weise dem, das ich auf die Literatur anwandte. Eine Reihe von Feinheiten entging mir; die Worte, die er laut lachend rezitierte, kamen mir nicht sehr verschieden vor von denjenigen, die er bemerkenswert fand. Er gehörte jener Gattung von Menschen an, die über die Werke, die ich liebte, gesagt hätten: »So so, Sie verstehen das? Ich jedoch, ich muss bekennen, dass ich es nicht verstehe, ich gehöre nicht zu den Eingeweihten«, aber ich hätte ihm das Gleiche zurückgeben können, ich erfasste weder den Geist noch die Dummheit, die Redegewandtheit oder Schwülstigkeit, die er in einer Erwiderung oder in einem Gespräch entdeckte, und das Fehlen jeglichen erkennbaren Grundes, weshalb dieses schlecht war und jenes gut, bewirkte, dass für mich diese Art von Literatur noch geheimnisvoller war, mir noch dunkler erschien als jede andere. Ich konnte lediglich feststellen, dass die Wiederholung dessen, was alle Welt dachte, in der Politik kein Merkmal der Minderwertigkeit, sondern der Überlegenheit darstellte. Wenn Monsieur de Norpois sich bestimmter Wendungen bediente, die sich durch die Zeitungen zogen, und sie mit Nachdruck verkündete, spürte man, wie sie schon allein durch die Tatsache, dass er sie benutzt hatte, zu einer

Tat wurden, und zu einer Tat, die Stellungnahmen auslösen würde.

Meine Mutter setzte große Erwartungen in den Ananassalat mit Trüffeln. Doch der Botschafter aß ihn, nachdem er einen Augenblick seinen durchdringenden Beobachterblick auf dem Gericht hatte ruhen lassen, in diplomatisches Schweigen gehüllt und eröffnete uns nicht seine Gedanken. Meine Mutter drängte ihn, sich davon nachzunehmen, was Monsieur de Norpois auch tat, wobei er jedoch statt des Kompliments, das man erwartete, lediglich sagte: »Ich gehorche, gnädige Frau, denn da ich sehe, dass Sie es wünschen, ist es für mich wie ein Ukas.« – »Wir haben in den ›Blättern‹ gelesen, dass Sie sich lange mit König Theodosius unterhalten haben«, sagte mein Vater. – »In der Tat, der König, der über ein selten anzutreffendes Gedächtnis für Physiognomien verfügt, hat die Güte gehabt, sich, als er mich in der Orchesterloge bemerkte, zu entsinnen, dass ich die Ehre hatte, ihm im Verlaufe einiger Tage am Hofe von Bayern zu begegnen, als er sich noch nicht mit dem Gedanken an seinen östlichen Thron trug (Sie wissen, dass er durch einen europäischen Kongress berufen wurde und dass er selbst außerordentlich gezögert hat, ihn anzunehmen, da er dieses Königtum als ein wenig unpassend für seine Rasse einschätzte, der, aus heraldischer Sicht, edelsten in ganz Europa). Ein Adjutant brachte mir den Auftrag, Seine Majestät zu begrüßen, deren Befehl nachzukommen ich mich selbstverständlich gesputet habe.« – »Sind Sie mit den Ergebnissen seines Aufenthalts zufrieden gewesen?« – »Entzückt! Es war durchaus gegeben, einiges an Besorgnis zu hegen bezüglich der Art und Weise, in der ein noch so junger Monarch sich aus dieser schwierigen Engführung ziehen würde, insbesondere bei so heiklen Begleitumständen. Ich für mein Teil hatte vollstes Vertrauen in das politische Gespür des Herrschers. Aber ich gestehe, dass meine Erwartungen noch übertroffen worden sind. Die Grußadresse, die er im Élysée vorbrachte und die, den Informationen zufolge, die mir aus absolut zuverlässiger Quelle zugekommen sind, vom ersten bis zum letzten Wort von ihm selbst komponiert worden war, entsprach in Gänze der Erwartung, die ihr allseits entgegengebracht worden ist. Sie ist ganz entschieden ein meisterhafter Wurf; etwas kühn, will ich zugeben, doch von einem Freimut, den der Ausgang letztlich vollkommen gerechtfertigt hat. Die diplomatischen Gepflogenheiten haben gewiss ihr Gutes, doch im Laufe der Zeit hatten sie schließlich sein Land und das unsrige in einer stickigen Atmosphäre leben lassen, die nicht mehr zu atmen war. Nun gut!, eine der Möglichkeiten, für frische Luft zu sorgen, offenkundig eine von jenen, die man nicht empfehlen kann, die sich der König Theodosius jedoch erlauben konnte, besteht darin, die Scheiben einzuschlagen. Und das hat er mit so heiterer Stimmung getan, dass alle Welt entzückt war, und zudem mit Urteilsvermögen in der Wahl der Ausdrücke, in denen man sofort die Rasse gebildeter Fürstlichkeiten erkannt hat, der er vonseiten seiner Mutter zugehört. Zweifelsohne war, als er von den ›Wahlverwandtschaften‹ sprach, die sein Land mit Frankreich verbinden, der Ausdruck, so selten er auch im Vokabular der Staatskanzleien gebraucht werden mag, ganz einzigartig glücklich gewählt. Sie sehen, dass die Literatur nicht schadet, selbst nicht in der Diplomatie, selbst nicht auf dem Thron«, fügte er zu mir gewandt hinzu. »Die Sache als solche war schon seit Langem anerkannt, das gebe ich gern zu, und die Beziehungen zwischen den beiden Mächten hatten sich ausgezeichnet entwickelt. Und doch war es erforderlich, dass es gesagt würde. Das Wort wurde erwartet, es ist auf das trefflichste gewählt worden, Sie haben gesehen, wie es angekommen ist. Ich für mein Teil habe ihm meinen uneingeschränkten Beifall bezeugt.«

»Ihr Freund, Monsieur de Vaugoubert, der die Annäherung seit Jahren vorbereitete, muss zufrieden gewesen sein.« – »Umso mehr, als Seine Majestät, die mit der Sache wohlvertraut ist, es sich hatte angelegen sein lassen, ihm damit eine Überraschung zu bereiten. Diese Überraschung ist zudem vollständig gewesen für alle, angefangen beim Außenminister, der sie, wie man mir gesagt hat, nicht nach seinem Geschmack gefunden hat. Zu jemandem, mit dem er darüber sprach, habe er sehr deutlich, laut genug, um von den Näherstehenden gehört zu werden, gesagt: ›Ich bin weder hinzugezogen worden noch in Kenntnis gesetzt‹, womit er unmissverständlich verdeutlichte, dass er jegliche Verantwortung für das Ereignis von sich weise. Man muss zugeben, dass das ein schönes Aufsehen erregt hat, und ich würde nicht wagen zu behaupten«, fügte er mit maliziösem Lächeln hinzu, »dass diejenigen meiner Kollegen, denen das oberste Gesetz das des geringsten Widerstandes ist, dadurch nicht in ihrer Ruhe belästigt worden wären. Hinsichtlich Vaugouberts wissen Sie ja, dass er heftig wegen seiner Politik der Aussöhnung mit Frankreich angegriffen worden ist, und er hat umso mehr darunter leiden müssen, als er eine empfindsame, eine einzigartige Person ist. Ich kann dies umso besser bezeugen, als ich, wenn er auch um vieles jünger ist als ich, viel Umgang mit ihm hatte, wir sind Freunde von alters her, und ich kenne ihn gut. Zudem, wer würde ihn nicht kennen?, das ist eine Seele aus Kristall. Das ist auch der einzige Fehler, den man ihm vorhalten könnte, es ist nicht nötig, dass das Herz eines Diplomaten so durchsichtig ist wie das seinige. Das steht jedoch nicht dagegen, dass davon die Rede ist, ihn nach Rom zu entsenden, was ein hübscher Aufstieg wäre, aber auch ein ziemlich harter Brocken. Unter uns gesagt glaube ich, dass Vaugoubert, so fern ihm Ehrgeiz auch liegen mag, durchaus erfreut wäre und keineswegs verlangen würde, dass man diesen Kelch von ihm nehme. Er wird da unten womöglich Wunder vollbringen; er ist der Kandidat der Consulta, und ich für mein Teil, ich kann mir ihn, der so künstlerisch veranlagt ist, gut im Rahmen des Palazzo Farnese und der Galleria der Carraccis vorstellen. Es scheint, dass zumindest niemand ihn hassen können dürfte; aber es gibt um König Theodosius eine ganze Camarilla, die mehr oder weniger auf die Wilhelmstraße eingeschworen ist, deren Einflüsterungen sie willig folgt und die auf alle nur denkbaren Weisen versucht hat, ihm auf die Hacken zu treten. Vaugoubert hat sich nicht nur den Vorzimmerintrigen stellen müssen, sondern auch den Verleumdungen angeheuerter Pressbengels, die dann später, feige wie alle gedungenen Journalisten, die ersten waren, den Aman zu erflehen, aber in der Zwischenzeit nicht davor zurückschreckten, sich lächerliche Anschuldigungen zwielichtiger Existenzen gegen unseren diplomatischen Vertreter zunutze zu machen. Mehr als einen Monat lang tanzten die Feinde Vaugouberts um ihn den Tanz des Skalps«, sagte Monsieur de Norpois und stieß dabei kraftvoll das letzte Wort heraus. »Aber wer einmal gewarnt ist, ist zweimal vorsichtig; diese Verunglimpfungen hat er ihnen in den Hals zurückgestoßen«, fügte er noch energischer hinzu, und mit einem so mörderischen Blick, dass wir einen Augenblick aufhörten zu essen. »Wie sagt doch ein schönes arabisches Sprichwort: ›Die Hunde bellen, die Karawane zieht weiter.‹« Nachdem er dieses Zitat hingeworfen hatte, hielt Monsieur de Norpois inne, um uns zu betrachten und die Wirkung abzuschätzen, die es auf uns gemacht hatte. Sie war groß; das Sprichwort war uns bekannt: es hatte in diesem Jahr bei Männern von Stand jenes andere abgelöst: »Wer Wind sät, wird Sturm ernten«, das etwas Ruhe brauchte, da es nicht so belastungsfähig und langlebig war wie: »Für den König von Preußen schuften.« Denn die Kultur dieser bedeutenden Leute war eine Fruchtwechselkultur, und im Allgemeinen im dreijährigen Turnus. Freilich waren Zitate von diesem Schlage, mit deren Gepränge Monsieur de Norpois seine Artikel in der *Revue* zu verzieren verstand wie kein anderer, ganz und gar nicht nötig, damit diese einen glaubwürdigen und gut informierten Eindruck machten. Selbst des Zierrats entblößt, mit dem er sie ausstattete, genügte es, dass Monsieur de Norpois im richtigen Augenblick schrieb – was zu tun er auch nicht versäumte –, »das Kabinett von Saint-James war nicht das letzte, die Gefahr zu wittern«, oder auch »die Erregung war groß an der Sängerbrücke, wo man mit beunruhigtem Auge die selbstsüchtige, aber geschickte Politik der doppelköpfigen Monarchie beobachtete«, oder »ein Alarmruf löste sich vom Montecitorio«, oder auch »jenes nimmer endende doppelte Spiel, das so ganz zu den Gepflogenheiten am Ballplatz passt«. Bereits bei diesen Formulierungen hatte der lesende Laie den Karrierediplomaten wiedererkannt und freudig begrüßt. Aber was zu der Meinung geführt hatte, er sei mehr als das, er sei von beeindruckender Kultiviertheit, das war der abgewogene Einsatz von Zitaten gewesen, als dessen vollendetstes Muster lange Zeit galt: »›Macht mir eine gute Politik und ich mache euch gute Finanzen‹, wie Baron Louis zu sagen pflegte.« (Man hatte noch nicht aus dem Osten importiert: »›Der Sieg gehört demjenigen von zwei Gegnern, der eine Viertelstunde länger auszuhalten vermag‹, wie die Japaner sagen.«) Dieser Ruf eines großartig Belesenen in Verbindung mit einem wahrhaften Genius für Intrigen, der sich unter der Maske der Gleichgültigkeit verbarg, hatte Monsieur de Norpois die Aufnahme in die Akademie der Moralischen Wissenschaften eingebracht. Und manche dachten, dass er sogar an der Académie Française nicht fehl am Platz wäre, seit er, um klarzumachen, dass wir gerade durch eine engere Allianz mit Russland zu einer Verständigung mit England kommen würden, nicht gezögert hatte zu schreiben: »Auf dass man es am Quai d'Orsay zur Kenntnis nehme, auf dass man es fortan in alle Geographiebücher, die sich in diesem Punkt noch als unvollständig erweisen, hineinschreibe, auf dass man gnadenlos jedem Kandidaten die Zulassung zur Reifeprüfung verweigere, der nicht zu sagen weiß: ›Wohl führen alle Wege nach Rom, doch die Straße von Paris nach London verläuft unausweichlich über Petersburg.‹«

»Um zusammenzufassen«, fuhr Monsieur de Norpois an meinen Vater gerichtet fort, »Vaugoubert hat sich da einen schönen Erfolg errungen und der sogar den noch übersteigt, den er erhofft hatte. Tatsächlich hatte er sich auf eine Grußadresse im Rahmen der Gepflogenheiten gefasst gemacht (was nach den Schlechtwetterwolken der letzten Jahre schon durchaus schön gewesen wäre), aber auf mehr auch nicht. Mehrere Personen, die zum Kreis der Anwesenden zählten, haben mir versichert, dass man sich durch bloße Lektüre der Grußadresse kein Bild von der Wirkung machen könne, die sie hinterlassen habe, so ausgezeichnet vom König formuliert und pointiert, der ein Meister der Vortragskunst ist und der ganz nebenher die Absichten, die Feinheiten hervorhob. Ich habe mir in dieser Angelegenheit eine ganz reizende Einzelheit berichten lassen und die abermals diese schöne jugendliche Huld des Königs Theodosius hervorhebt, die ihm so trefflich die Herzen gewinnt. Man hat mir versichert, dass Seine Majestät, die die Freude unseres Botschafters voraussah, der darin die verdiente Krönung seiner Bemühungen erblicken musste, man könnte schon sagen, seines Traumes, und, kurz gesagt, seinen Marschallstab, gerade bei dem Wort ›Wahlverwandtschaften‹, das letztlich die große Neuigkeit der Rede war und das, wie Sie sehen werden, noch lange die Stellungnahmen der Staatskanzleien beherrschen wird, sich halb zu Vaugoubert hinwandte und, ihn in diesen so prägnanten Blick der Oettinger fassend, dieses so wohlgewählte Wort ›Wahlverwandtschaften‹, dieses Wort, das ein wahres Fundstück darstellte, in einem Ton verlautbarte, der für alle klarstellte, dass es mit voller Absicht und in völligem Bewusstsein seiner Folgen verwendet wurde. Es scheint, dass es Vaugoubert nicht leichtfiel, seine Bewegung zu bemeistern, und in gewissem Maße, muss ich bekennen, verstehe ich ihn.

Eine ganz und gar glaubwürdige Person hat mir anvertraut, dass der König, als er nach dem Diner Cercle hielt, zu Vaugoubert getreten sei und halblaut zu ihm gesagt habe: ›Sind Sie zufrieden mit Ihrem Schüler, mein lieber Marquis?‹ Es ist gewiss«, schloss Monsieur de Norpois, »dass eine derartige Grußadresse mehr dazu beigetragen hat als zwanzig Jahre Verhandlungen, die ›Wahlverwandtschaften‹, in dem bildhaften Ausdruck von Theodosius II., zwischen den beiden Ländern fester zu knüpfen. Es ist nur ein Wort, wenn Sie so wollen, aber schauen Sie, wie es sein Glück gemacht hat, wie die ganze europäische Presse es wiederholt, welche Aufmerksamkeit es erregt hat, welch neuen Ton es hat erklingen lassen. Es liegt übrigens ganz auf der Linie des Herrschers. Ich würde nicht so weit gehen zu sagen, dass er alle Tage reine Juwelen wie dieses finde. Doch nur selten geschieht es, dass er nicht seinen ausgefeilten Reden, und mehr noch den Eingebungen der Konversation, durch dieses oder jenes treffende Wort sein Profil verleiht – ich würde fast sagen, sein Siegel aufdrückt. Ich bin im Übrigen der Parteilichkeit in dieser Sache umso weniger verdächtig, als ich ein Feind aller Neuerungen dieser Art bin. In neunzehn Fällen von zwanzig sind sie gefährlich.«

»Ja, ich habe mir schon gedacht, dass die Depesche kürzlich vom deutschen Kaiser kaum nach Ihrem Geschmack gewesen sein dürfte«, sagte mein Vater. Monsieur de Norpois verdrehte die Augen zum Himmel wie um zu sagen: Ach, der! »Zuvörderst ist es ein Akt der Undankbarkeit. Es ist schlimmer als ein Verbrechen, es ist ein Fehler und eine Dummheit, die ich als pyramidal einstufen möchte! Fernerhin, wenn niemand dem Mann, der Bismarck davongejagt hat und durchaus imstande ist, nach und nach die ganze Bismarcksche Politik zurückzunehmen, Einhalt gebietet, dann ist das der Sprung ins Ungewisse. [...] Wie?, auch noch ein Pudding à la Nesselrode! Eine Kur in Karlsbad wird mindestens nötig sein, um mich von einem solchen Lucullus-Schmaus zu erholen.«

Die Herzogin Maria von Gramont geb. Ruspoli (1888–1976) als Allegorie des Herbstes, porträtiert von Madeleine Lemaire; links im Bild der verblichene Gaston.

Basquerville

Hier ruht, mein Freund, der edle Körper dieser Bestie,
die so manchen Mittwoch ohne Ende kläffte,
Keiner könnt – ob Michel, Goya oder Whistler –
den Horror malen
der Gäste, die sein Gebiss an ihren Beinen haben.

Ob du Athener oder Thraker gar, sei gnädig,
lieber Fremder,
zu Herkules oder Freya bet' um dessen willen, der
uns gnadenlos das Fürchten lehrte doch für den –
weniger
glücklich als Beulé – alas!, es gar nichts gibt zu
feiern mehr.

Ob Syrinx oder Mirliton,
singe laut zu Ehren von Gaston.
Schüchtern greif' ich zu meiner feinen Musette

Denn mehr als Germiny, Ganderax oder Brinquand,
erfreute mit seinem wortreichen Kötergesang,
dieser Hund das Herz der kalten Suzette.

Das so verzweifelt gesuchte und unfassbar gebliebene kleine gelbe Mauerstück befindet sich tatsächlich in Vermeers Atelier, und dort in den bewährten Händen einer schönen Geschichte.

Gouda

Bergotte starb unter den folgenden Umständen: Ein ziemlich leichter Anfall von Urämie war der Grund gewesen, dass ihm Ruhe verschrieben worden war. Doch nachdem ein Kritiker geschrieben hatte, dass in Vermeers Ansicht von Delft (die das Museum von Den Haag für eine Ausstellung ausgeliehen hatte), einem Bild, das er bewunderte und sehr gut zu kennen meinte, ein kleines gelbes Mauerstück (an das er sich nicht erinnern konnte) so gut gemalt sei, dass es, wenn man es für sich allein, wie ein kostbares chinesisches Kunstwerk betrachte, von einer Schönheit sei, die sich selbst genüge, aß Bergotte ein paar Kartoffeln, eilte los und betrat die Ausstellung. Schon bei den ersten Stufen, die er zu erklimmen hatte, wurde er von Schwindel erfasst. Er ging an verschiedenen Gemälden vorbei und hatte den Eindruck von Gefühl- und Sinnlosigkeit in einer derart künstlichen Kunst, die sich mit den Strömen von Luft und Licht in einem venezianischen Palast oder auch in einem schlichten Haus am Meer nicht messen konnte. Schließlich stand er vor dem Vermeer, den er leuchtender in Erinnerung hatte, völlig verschieden von allem, was er kannte, in dem er aber dank des Artikels des Kritikers nun zum ersten Mal kleine Personen in Blau bemerkte, auch, dass der Sand rosa war, und schließlich das kostbare Material des ganz kleinen gelben Mauerstücks. Sein Schwindelanfall wurde schlimmer; er fixierte seinen Blick so wie ein Kind, das einen gelben Schmetterling fangen möchte, auf das kostbare kleine Mauerstück. »So hätte ich schreiben sollen«, sagte er. »Meine letzten Bücher sind zu trocken, ich hätte mehrere Farbschichten auftragen, meine Sätze an sich schon so kostbar machen müssen wie dieses kleine gelbe Mauerstück.« Indessen entging ihm nicht die Schwere seines Schwindelanfalls. In einer himmlischen Waage erschien ihm auf der einen Schale sein eigenes Leben, während in der anderen das so trefflich in Gelb gemalte kleine Mauerstück lag. Er spürte, dass er unbedacht das erstere für das letztere hingegeben hatte. »Vor allem möchte ich nicht«, sagte er sich, »in den Abendzeitungen als Sonstige Meldung von dieser Ausstellung erscheinen.« Er wiederholte bei sich: »Kleines gelbes Mauerstück mit einem Wetterdach, kleines gelbes Mauerstück.« Dabei brach er auf einem Rundsofa zusammen; ebenso plötzlich verließ ihn der Gedanke, dass sein Leben auf dem Spiel stehe, er wurde wieder optimistisch und sagte sich: »Das ist nur eine kleine Verdauungsstörung, die von diesen nicht völlig gar gekochten Kartoffeln kommt, das ist weiter nichts.« Ein weiterer Schlag traf ihn, er rollte von dem Sofa auf den Boden, wo ihn die herbeigeeilten Besucher und Wächter umstanden. Er war tot. Tot für immer? Wer könnte das sagen? Gewiss, weder spiritistische Erfahrungen noch religiöse Dogmen liefern den Beweis, dass die Seele weiterlebt. Was man sagen kann, ist, dass alles in unserem Leben so geschieht, als wären wir mit einer Bürde von Verpflichtungen, die wir in einem früheren Leben eingegangen sind, in dieses eingetreten; in den Umständen unseres Lebens auf dieser Erde liegt weder für uns ein Grund dafür, sich verpflichtet zu fühlen, Gutes zu tun, zartfühlend zu sein, nicht einmal, höflich zu sein, noch für den atheistischen Künstler, sich verpflichtet zu fühlen, zwanzigmal von Neuem ein Werk zu beginnen, wenn die Bewunderung, die es erregt, so wenig bedeuten wird für seinen Körper, den die Würmer fressen, ein Werk wie das gelbe Mauerstück, das mit so viel Wissenschaft und Raffinesse ein für immer unbekannter, gerade einmal unter dem Namen Vermeer identifizierter Künstler malte. Alle diese Verpflichtungen, deren Einhaltung nicht im gegenwärtigen Leben erzwungen wird, scheinen einer anderen Welt anzugehören, die auf Güte, Gewissen, Opferbereitschaft gegründet ist, einer von dieser Welt völlig verschiedenen, die wir verlassen, um hier auf Erden geboren zu werden, bevor wir vielleicht in jene zurückkehren, um wieder unter der Herrschaft dieser unbekannten Gesetze zu leben, denen wir gehorcht haben, weil wir ihre Gebote in uns trugen, ohne zu wissen, wer sie dort eingeschrieben hatte, dieser Gesetze, denen uns alle ernsthafte Arbeit der Intelligenz näher bringt und die allein – und höchstens! – für Dummköpfe unsichtbar sind. So dass die Vorstellung, Bergotte sei nicht für immer tot, keineswegs unwahrscheinlich ist.

Letzte Weisheit

Mein lieber Zadig,

Ich liebe Dich sehr, denn Du genießt mehr Sorgse und Liebse von Du-weißt-schon als ich; und Du könntest es in der ganzen Welt nicht besser treffen. Aber ich bin nicht eifersüchtig, weil er mehr mit Dir zusammen ist als mit mir, denn das ist ganz richtig, weil Du unglücklicher und liebender bist. Und das weiß ich daher, mein niedlischer Hound. Als ich klein war und Kummer hatte, weil ich mich von Maman trennen oder auf eine Reise gehen oder schlafen gehen musste, oder wegen eines jungen Mädchens, das ich liebte, war ich anfangs viel unglücklicher als heute, nicht nur, weil ich, wie Du, nicht frei war, wie ich es heute bin, loszugehen und meinen Kummer zu zerstreuen, mit dem ich vielmehr eingesperrt war, sondern weil ich auch von meinem Kopf abhängig war, in dem sich niemals irgendeine Idee, irgendeine Erinnerung an eine Lektüre, irgendein Plan befand, in den ich mich hätte flüchten können. Und Du bist genauso, Zadig, Du hast niemals etwas gelesen und hast keine Ideen. Und Du musst sehr unglücklich sein, wenn Du traurig bist. Jedoch, mein lieber guter Zadig, wisse dieses, was ein kleiner Hound von deiner Art wie ich Dir wieder und wieder sagt, weil er ein Mensch gewesen ist und Du nicht. Die Intelligenz dient uns zu nichts anderem als jene Empfindungen, die Dich lieben und leiden lassen, durch schäbige Imitate zu ersetzen, die weniger Kummer machen und weniger Zärtlichkeit ausströmen. Wenn ich in seltenen Augenblicken zu meiner ganzen Zärtlichkeit, zu meinem ganzen Kummer zurückfinde, dann nicht, nachdem ich diese falschen Ideen nicht mehr gespürt hätte, sondern nach irgendetwas, das in Dir und mir ganz ähnlich ist, mein kleiner Hound. Und das erscheint mir allem anderen so überlegen, dass mir, wenn ich wieder Hund geworden bin, ein armer Zadig wie Du, nichts anderes übrig bleibt als zu schreiben, und ich liebe auch nur die Bücher, die so zustande gekommen sind. Das aber, das Deinen Namen trägt, mein braver Zadig, ist ganz und gar nicht so. Es ist ein kleines Streitgespräch zwischen Deinem Herrn, der auch meiner ist, und mir. Aber Du wirst niemals Streit mit ihm haben, denn Du denkst nicht. Lieber Zadig, wir sind alle beide alt und leidend. Aber ich würde Dich gern öfter besuchen, denn Du würdest mich Deinem Herrchen näherbringen, statt mich von ihm zu trennen. Ich umarme Dich von ganzem Herzen und werde Deinem Freund Reynaldo Dein Lösegeld schicken.

Dein Freund
Buncht

An Zadig

Der alte Hidalgo von Este-Modena oder auch Parme,
der über deiner edlen Nase auf uns herabblickt, Zadig,
(besser als im lebendigsten Velasques in Madrid,
der schwarz ist wie er) – ich liebe seinen Charme
und seine guten Manieren; doch vergieße ich eine Zähre
um den, der dein Geheimnis errät, der mein Geliebter wäre
und in dem glänzt, was deinem Paten Voltaire
einfach fehlt.

»La race des tantes« (Die Rasse der Tanten / Tunten).

Feingold

Weit mehr als das Privatleben großer Männer interessierte es meine beiden Tanten Céline und Flora, als meine Großtante am Vorabend des Tages, an dem Swann zum Essen kommen sollte, und an dem er ihnen persönlich eine Kiste Asti geschickt hatte, eine Nummer des *Figaro* hochhielt, in der neben dem Namen eines Bildes aus einer Corot-Ausstellung die Worte standen: »Aus der Sammlung Charles Swann«, und zu uns sagte: »Habt ihr gesehen, dass Swann im *Figaro* ›geehrt‹ wurde?« – »Aber ich habe euch ja schon immer gesagt, dass er viel Geschmack hat«, sagte meine Großmutter. – »Du natürlich, sobald es darum geht, anderer Ansicht zu sein als wir«, erwiderte meine Großtante, die wusste, dass meine Großmutter niemals der gleichen Ansicht war wie sie, sich jedoch nie ganz sicher war, ob wir ihr selbst schließlich recht geben würden, und uns deshalb eine allumfassende Verdammung der Meinungen meiner Großmutter abzwingen, uns mit Gewalt auf die ihrigen verpflichten wollte. Aber wir verharrten in Schweigen. Als die Schwestern meiner Großmutter die Absicht bekundeten, Swann auf diese Notiz im *Figaro* anzusprechen, riet meine Großtante davon ab. Wann immer sie bei anderen einen noch so kleinen Vorteil sah, den sie ihr voraushatten, redete sie sich ein, dass es gar kein Vorteil, sondern ein Übel sei, und bedauerte sie, um sie nicht beneiden zu müssen. »Ich glaube, dass ihr ihm damit keine Freude machen würdet; ich jedenfalls bin sicher, dass es mir sehr peinlich wäre, meinen Namen so auffällig in der Zeitung gedruckt zu sehen, und ich wäre ganz und gar nicht geschmeichelt, wenn man mich darauf anspräche.« Im Übrigen versteifte sie sich nicht darauf, die Schwestern meiner Großmutter umzustimmen; denn diese trieben aus Abscheu vor aller Gewöhnlichkeit die Kunst, eine persönliche Anspielung unter ausgeklügelten Umschreibungen zu verbergen, so sehr ins Extrem, dass sie häufig sogar demjenigen entging, auf den sie bezogen war. Was meine Mutter anbetrifft, so war sie völlig von dem Versuch in Anspruch genommen, meinen Vater zu überreden, mit Swann zwar nicht etwa über dessen Frau, wohl aber über seine Tochter zu sprechen, die er anbetete und der zuliebe er, wie behauptet wurde, schließlich diese Ehe eingegangen war. »Du brauchtest zu ihm ja lediglich ein Wort zu sagen, ihn zu fragen, wie es ihr geht. Das Ganze muss doch so schrecklich für ihn sein.« Aber mein Vater fuhr auf: »Keinesfalls! Was hast du für abwegige Vorstellungen. Das wäre absurd.«

Der Einzige unter uns, für den Swanns Besuch der Gegenstand schmerzlicher Erwartungen war, war jedoch ich. Denn an Abenden, an denen Gäste da waren oder auch nur Monsieur Swann, kam Maman nicht in mein Zimmer hinauf. Ich aß früher als alle anderen zu Abend und setzte mich dann mit an den Tisch, bis es um acht Uhr Zeit für mich wurde hinaufzugehen; jenen kostbaren und zerbrechlichen Kuss, den Maman mir nach unserer Gewohnheit in meinem Bett in dem Moment, in dem ich einschlief, anvertraute, musste ich nun vom Esszimmer bis in mein Zimmer befördern und die ganze Zeit, während ich mich auszog, auf ihn aufpassen, ohne dass seine Süßigkeit zerbrach, ohne dass seine beschwingte Keuschheit sich vergoss oder verflüchtigte, und ausgerechnet an diesen Abenden, an denen es mir so wichtig gewesen wäre, ihn mit besonderer Behutsamkeit zu empfangen, war es erforderlich, dass ich ihn mir ergriff, ihn mir jäh raubte, öffentlich, ohne die Zeit und die notwendige Freiheit des Geistes zu haben, um dem, was ich tat, die Aufmerksamkeit nach Art jener manisch Kranken zuzuwenden, die sich zwingen, an nichts anderes zu denken, während sie eine Tür schließen, damit, wenn die krankhafte Ungewissheit wieder über sie kommt, sie ihr siegesgewiss die Erinnerung an den Augenblick, da sie sie geschlossen haben, entgegenhalten können. Wir waren alle im Garten, als die zögerlichen zwei Schläge des Glöckchens erklangen. Man wusste, dass das Swann war; dennoch sahen sich alle mit fragender Miene an, und meine Großmutter wurde auf Erkundung ausgeschickt. »Denkt dran, ihm auf verständliche Weise für seinen Wein zu danken, ihr wisst, er ist beste Qualität und die Kiste war riesig«, empfahl mein Großvater seinen beiden Schwägerinnen. »Fangt nicht an zu tuscheln«, sagte meine Großtante; »als ob es angenehm wäre, in ein Haus zu kommen, in dem alles flüstert!« – »Ah!, da ist ja Herr Swann! Wir wollen ihn fragen, ob er glaubt, dass morgen schönes Wetter wird«, sagte mein Vater. Meine Mutter hoffte, ein Wort von ihr könnte all den Kummer, den man Swann in unserer Familie seit seiner Heirat bereitet haben dürfte, wieder auslöschen. Es gelang ihr, ihn ein wenig auf die Seite zu ziehen. Aber ich folgte ihr; ich konnte mich nicht entschließen, auch nur einen Schritt von ihr zu weichen, wenn ich daran dachte, dass es nun bald notwendig werden würde, sie im Esszimmer zurückzulassen und wieder in mein Zimmer hinaufzugehen, ohne, wie an den sonstigen Abenden, den Trost zu haben, dass sie kommen und mir gute Nacht sagen würde. »Nun, Herr Swann«, sagte sie zu ihm, »erzählen Sie mir ein wenig von Ihrer Tochter; ich bin sicher, dass sie schon einen Sinn für schöne Kunstwerke hat, wie ihr Vater.« – »Aber so kommt doch und setzt euch zu uns auf die Veranda«, sagte mein Großvater und kam heran. Meine Mutter war gezwungen, sich zu unterbrechen, zog aber aus dieser Beschränkung einen zusätzlichen zarten Gedanken, wie die guten Dichter, die die Tyrannei des Reimes nötigt, ihre größten Schönheiten zu ersinnen: »Wir werden ein andermal über sie sprechen, wenn wir beide allein sind«, sagte sie halblaut zu Swann. »Nur eine Mutter kann Sie verstehen. Ich bin sicher, dass die Mutter Ihrer Tochter meiner Meinung wäre.« Wir versammelten uns alle um den Eisentisch. Ich hätte es gern fertiggebracht, nicht an die Stunden der Herzensangst zu denken, die ich diesen Abend allein in meinem Zimmer verbringen würde, ohne einschlafen zu können; ich versuchte, mir einzureden, dass sie unwichtig seien, da ich sie am nächsten Morgen vergessen haben würde, mich an Vorstellungen von Zukünftigem zu halten, die mich wie über eine Brücke über den nahen Höllenschlund führen sollten, vor dem mir graute.

Doch mein Geist, angespannt durch meine Erwartungen, krummgebogen wie der Blick, den ich meiner Mutter zuwarf, ließ auch nicht einen einzigen neuartigen Eindruck in sich dringen. Die Gedanken wurden zwar von ihm eingelassen, aber nur unter der Bedingung, dass sie jeglichen Anteil von Schönheit oder auch nur Scherzhaftigkeit, der mich berührt oder abgelenkt hätte, hinter sich ließen. So wie ein Kranker dank örtlicher Betäubung in völliger Klarheit eine Operation mitverfolgen kann, die an ihm vorgenommen wird, ohne das Geringste zu spüren, konnte ich mir Verse aufsagen, die ich liebte, oder die Anstrengungen beobachten, die mein Großvater unternahm, um Swann in ein Gespräch über den Herzog von Audiffret-Pasquier zu ziehen, ohne dass die ersteren mich irgendwelche Gefühlsbewegungen, die letzteren irgendetwas wie Heiterkeit hätten empfinden lassen. Besagte Anstrengungen waren übrigens fruchtlos. Kaum hatte mein Großvater an Swann eine Frage bezüglich dieses großen Redners gerichtet, als auch schon eine der Schwestern meiner Großmutter, in deren Ohren diese Frage widerhallte wie eine tiefe, aber peinliche Stille, die zu brechen nur höflich wäre, der anderen zurief: »Stell dir nur vor, Céline, ich habe eine junge schwedische Lehrerin kennengelernt, die mich in hochinteressante Einzelheiten des Genossenschaftswesens in den skandinavischen Ländern eingeweiht hat. Sie muss unbedingt einmal zum Abendessen zu uns kommen.« – »Das will ich gern glauben!«, antwortete ihre Schwester Flora, »aber ich habe meine Zeit auch nicht vergeudet. Ich habe bei Monsieur Vinteuil einen alten Gelehrten getroffen, der Maubant gut kennt und dem Maubant in größter Ausführlichkeit erklärt hat, wie er die Gestaltung einer Rolle anpackt. Das ist außerordentlich interessant. Er ist ein Nachbar von Monsieur Vinteuil, ich wusste das gar nicht; und er ist sehr liebenswürdig.« – »Nicht nur Monsieur Vinteuil hat sehr nette Nachbarn!« rief meine Tante Céline mit einer Stimme, die die Schüchternheit zu laut und der Vorbedacht gekünstelt klingen ließ, wobei sie auf Swann das warf, was sie einen inhaltsschweren Blick nannte. Derweilen betrachtete meine Tante Flora, die erkannt hatte, dass diese Wendung der Dank Célines für die Kiste Asti war, ebenfalls Swann, und mit einer Miene, in der sich Anerkennung und Ironie vermischten, sei es nun einfach, um den Geistesblitz ihrer Schwester zu unterstreichen, oder sei es, weil sie Swann darum beneidete, ihn ausgelöst zu haben, oder sei es gar, weil sie ihn auf dem Präsentierteller wähnte und sich nicht enthalten konnte, sich über ihn lustig zu machen. »Ich glaube, es könnte einem gelingen, diesen Herrn zum Abendessen einzuladen«, fuhr Flora fort, »wenn man ihn auf Maubant bringt oder auf Madame Materna, redet er stundenlang, ohne aufzuhören.« – »Das wäre einfach zu schön«, seufzte mein Großvater, in dessen Geist die Natur unglücklicherweise versäumt hatte, die Voraussetzungen für ein leidenschaftliches Interesse am schwedischen Genossenschaftswesen oder am Rollenstudium Maubants anzulegen, wie sie auch vergessen hatte, den Geist der Schwestern meiner Großmutter mit jenem Körnchen Salz auszustatten, das man selbst beisteuern muss, um Geschmack an einer Erzählung über das Intimleben Molés oder des Grafen von Paris finden zu können. »Warten Sie«, sagte Swann zu meinem Großvater, »was ich Ihnen erzählen will hat mit dem, wonach Sie mich gefragt haben, mehr zu tun, als es zuerst den Anschein haben mag, denn in bestimmter Hinsicht haben sich die Dinge nicht wesentlich geändert. Mir fiel heute Morgen bei Saint-Simon eine Sache auf, die Ihnen Vergnügen bereiten dürfte. Sie steht in dem Band über seine Zeit als Botschafter in Spanien; es ist nicht einer der besten, kaum mehr als ein Tagebuch, aber ein wundervoll geschriebenes Tagebuch, was schon einen grundlegenden Unterschied zu den sterbenslangweiligen Zeitungen bedeutet, die wir morgens und abends meinen lesen zu müssen.« – »Da bin ich nicht Ihrer Meinung, es gibt Tage, an denen mir die Zeitungslektüre außerordentlich erfreulich erscheint …«, unterbrach meine Tante Flora, um zu zeigen, dass sie den Satz über Swanns Corot im Figaro gelesen hatte. »Wenn von Sachen oder von Leuten die Rede ist, die uns interessieren!«, überbot sie meine Tante Céline. »Dagegen ist nichts zu sagen«, erwiderte Swann verblüfft. »Was ich den Zeitungen vorwerfe ist, dass sie uns Tag für Tag dazu anhalten, den unerheblichsten Dingen unsere Aufmerksamkeit zu schenken, wogegen wir höchstens dreioder viermal in unserem Leben die Bücher lesen, in denen wesentliche Dinge stehen. In dem Augenblick, in dem wir morgens fieberhaft die Banderole von der Zeitung reißen, sollte man die Dinge vertauschen und in die Zeitung …, ja, ich weiß nicht, was …, die *Pensées* von Pascal setzen!« (Er brachte den Titel mit einer ironischen Betonung hervor, um nicht schulmeisterlich zu wirken.) »Und in dem Band mit Goldschnitt, den wir höchstens einmal alle zehn Jahre aufschlagen«, fügte er hinzu, wobei er jene Herablassung gegenüber den weltlichen Dingen bezeugte, in der sich manche Weltmänner gefallen, »würden wir dann lesen, dass die Königin von Griechenland nach Cannes gereist ist, oder dass die Prinzessin von Léon ein Kostümfest gegeben hat. Damit wäre das richtige Verhältnis wiederhergestellt.« Aber dann bedauerte er, dass er sich dazu hatte hinreißen lassen, von ernsthaften Dingen zu reden, wenn auch leichtfertig, und fügte ironisch hinzu: »Da führen wir ja wirklich eine schöne Unterhaltung; ich weiß gar nicht, warum wir diese ›Gipfel‹ erörtern«, und sich zu meinem

Großvater wendend: »Also, Saint-Simon erzählt, dass Maulévrier die Dreistigkeit besessen habe, seinen, Saint-Simons, Söhnen die Hand zu reichen. Sie wissen schon, das ist der Maulévrier, von dem er sagt: ›Niemals habe ich in dieser dicken Flasche etwas anderes gesehen als Übellaune, Grobheit und Narreteien.‹« – »Dick oder nicht dick, ich kenne Flaschen mit ganz anderem Inhalt«, sagte Flora lebhaft, die Wert darauf legte, sich ebenfalls bei Swann bedankt zu haben, denn das Weingeschenk war an beide adressiert gewesen. Céline begann zu lachen. Swann fuhr verwirrt fort: »›Ich weiß nicht, ob es Dummheit war oder eine Falle‹, schreibt Saint-Simon, ›aber er wollte meinen Kindern die Hand geben. Ich bemerkte es noch zeitig genug, um ihn daran zu hindern.‹« Mein Großvater begeisterte sich schon über das »Dummheit oder Falle«, aber Mademoiselle Céline, bei der der Name Saint-Simon – ein Schriftsteller! – eine umfassende Betäubung der auditiven Fähigkeiten verhindert hatte, empörte sich bereits: »Wie? Das finden Sie auch noch gut? Also wirklich! Das ist ja reizend! Aber was soll das denn überhaupt bedeuten; ist nicht ein Mensch so gut wie der andere? Was soll das denn ausmachen, ob er Herzog ist oder Kutscher, wenn er Verstand hat und Herz? Der hatte ja eine schöne Art, seine Kinder aufzuziehen, Ihr Saint-Simon, wenn er ihnen nicht beigebracht hat, allen anständigen Menschen die Hand zu geben. Das ist ganz einfach abstoßend. Und Sie scheuen sich nicht, dergleichen wiederzugeben?« Und mein gequälter Großvater, der merkte, dass es angesichts dieses hinhaltenden Widerstandes unmöglich sein würde, Swann zur Erzählung jener Geschichten zu bewegen, die ihn unterhalten hätten, sagte leise zu Maman: »Erinner mich doch an den Vers, den du mir beigebracht hast und der mich in solchen Augenblicken tröstet. Ach ja!, ›So manche Tugend, Herr, lehrest du uns hassen!‹ Ah!, das tut wirklich gut!« [...]

Ich hörte die Schritte meiner Eltern, die Swann hinausbegleiteten; als mir die Türglocke verkündet hatte, dass er nun gegangen war, ging ich ans Fenster. Maman fragte meinen Vater, ob er die Languste gut gefunden und ob Monsieur Swann sich von dem Mokka-Eis mit Pistazien nachgenommen habe. »Ich fand es ziemlich mäßig«, sagte meine Mutter, »ich glaube, das nächste Mal sollten wir ein anderes Aroma ausprobieren.« – »Ich kann gar nicht sagen, wie verändert Swann mir vorkam«, sagte meine Großtante, »er ist alt geworden.« Meine Großtante hatte sich derart daran gewöhnt, in Swann den ewigen Jüngling zu sehen, dass sie jedesmal wieder erstaunt war, ihn weniger jung anzutreffen, als dem Alter entsprach, das sie ihm weiterhin zuschrieb. Und meine Eltern begannen obendrein noch, dieses Altern in ihm unnormal, übermäßig, beschämend und für einen Junggesellen wohlverdient zu finden, für alle jene, denen der Tag, für den es kein Morgen gibt, länger ist als für andere, weil er leer ist und sich seine Augenblicke von der Frühe an summieren, ohne sich unter Kindern aufteilen zu müssen. »Ich glaube, dass er viele Sorgen mit seiner Schlampe von Frau hat, die, wie ganz Combray weiß, mit einem gewissen Herrn de Charlus verkehrt. Es ist das Stadtgespräch.« Meine Mutter merkte an, dass er seit einiger Zeit einen weniger traurigen Eindruck mache. »Er macht auch weniger häufig diese Geste, sich wie sein Vater die Augen zu wischen und mit der Hand über die Stirn zu fahren. Aber ich glaube, im Grunde liebt er diese Frau nicht mehr.« – »Aber natürlich liebt er sie nicht mehr«, erwiderte mein Großvater. »Ich habe von ihm vor langer Zeit einen Brief über dieses Thema erhalten, den nicht weiter zu beachten ich mich bemüht habe, der aber keinen Zweifel über seine Gefühle für seine Frau, am wenigsten die Liebe, offen lässt. Ja sowas!« fügte mein Großvater zu seinen beiden Schwägerinnen gewandt hinzu, »nun habt ihr euch ja gar nicht für den Asti bedankt.« – »Wie bitte? Wir hätten uns nicht bedankt? Ich glaube eher, unter uns gesagt, dass ich es ihn in äußerst feinsinniger Weise habe wissen lassen«, erwiderte meine Tante Flora. – »Ja, das hast du sehr geschickt gemacht: ich habe dich bewundert«, sagte meine Tante Céline. – »Aber du warst auch sehr gut.« – »Ja, ich war recht stolz auf meine Bemerkung über liebenswürdige Nachbarn.« – »Was, das nennt ihr euch bedanken?«, rief mein Großvater aus, »ich habe das zwar gehört, aber der Teufel soll mich holen, wenn ich geglaubt habe, dass das auf Swann gemünzt war. Ihr könnt Gift darauf nehmen, dass er davon nichts verstanden hat.«

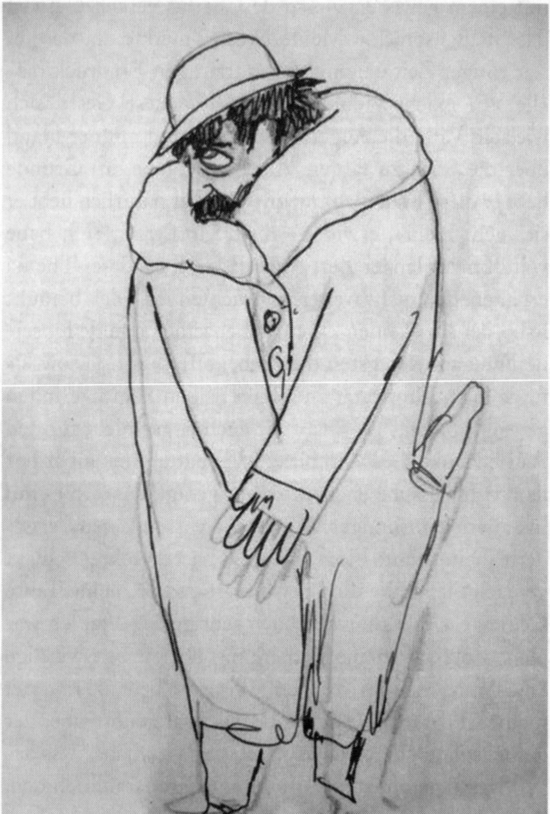

Schluss mit lustig

Ein kleines Nachwort

»Dass sie ihn nicht verstand, machte ihn zu keinem weniger lustigen Scherz, und sie lachte jedesmal aus vollem Herzen« (*Im Schatten junger Mädchenblüte*, S. 207).

»Als ihr größter Humorist reiht sich Proust ein in die Tradition von Frankreichs großen Moralisten«* – »ein Aspekt seines Werkes, der aufgrund seiner herausragenden Position im modernen Götterhimmel leicht verloren geht«**. Tatsächlich predigen die Proustkenner schon seit neunzig Jahren das hohe Lied vom Proust'schen Humor – so etwa der eminente Literaturkritiker Edmund Wilson, der in einem Aufsatz*** von 1928 Prousts Figuren mit denen von Dickens vergleicht –, doch das

* Henning Teschke, Proust und Benjamin: unwillkürliche Erinnerung und dialektisches Bild, Würzburg: Königshausen & Neumann, 2000, S. 69.

** Elisabeth Ladenson, »Joys and Perils of Rereading«, frenchculture.org/books/blog/joys-and-perils-rereading (21. Mai 2013).

*** »A short view of Proust«, in: The New Republic, 21. März 1928. Im gleichen Jahr erschien auch bei Le Rouge et le Noir eine Monographie von Louis Emié zu Langage et Humour chez Proust.

allgemeine Publikum scheint sich das Bild von der *Suche nach der verlorenen Zeit* als einem Gebirgsmassiv, in dem man nur abstürzen kann, nicht trüben lassen zu wollen.

Was ich hier insbesondere aus Prousts Roman als Beispiele für seinen tiefgründigen Humor ausgesucht habe, bildet natürlich nur die Spitzen des Eisgebirges: Sechs Siebtel befinden sich unter der Oberfläche und erschließen sich erst demjenigen, der sich ganz dem Text hingibt – »I recommend total immersion«* –, denn erst die großen, vor allem gesellschaftlichen Partien lassen den Abgrund zwischen Anspruch und Wirklichkeit, in dem sich Prousts Ironie entfaltet, die scheinhaftig den Anspruch für die Wirklichkeit nimmt, und der nicht nur seine Personen (wie etwa Norpois in »Kompott«), sondern seine ganze Welt durchzieht, in aller Deutlichkeit sichtbar werden. Selbst seine Sterbeszenen entbehren nicht der Komik: Die letzten Worte »kleines gelbes Mauerstück« des Großdichters Bergotte kann man kaum anders denn als Persiflage auf »große letzte« oder auch »letzte große Worte« lesen (»mehr Licht!«), ganz zu schweigen von dem mit medizinischen Blutegeln gespickten Medusenhaupt der sterbenden Großmutter in *Guermantes* (hier nicht abgedruckt), das zwar zum Gruseln, aber noch mehr zum Lachen ist – einem »fou rire«, wie es Proust selbst häufig beim Vorlesen seiner Texte

* Allan Massie, »Marcel Proust. A savagely funny genius«, in: The Telegraph, 28. Dezember 2013.

außer Gefecht gesetzt haben soll*. Und Prousts Personen, Prousts Welt sind, Gott sei's geklagt, unsere eigenen Bekannten, unsere eigene Wirklichkeit, denn wer hat nicht sofort, wenn er die »Chronique scandaleuse« von Combray liest, das Gefühl, Tante Léonie mit ihrem Strom sorgenvoller Belanglosigkeiten schon zigfach (allerdings in weniger charmanter Form) begegnet zu sein, oder die goldigen Tanten Céline und Flora, wenn sie die feinen Fäden ihrer Danksagung in »Feingold« spinnen, von klein auf vom großelterlichen Kaffeeklatsch zu kennen, wo sie vor lauter Wohlerzogenheit (oder weil das Gebiss nicht richtig sitzt) kaum zu kauen wagen? Wer hat nicht schon übermenschliche Geduld mit den Norpoisen dieser Welt aufbringen müssen? Ich räume (seufzend) ein, auch die *Suche nach der verlorenen Zeit* erfordert zuweilen einiges an Geduld – oder, wie Evelyn Waugh es sarkastisch ausdrückt: »Proust fehlt das Zeitgefühl«** –, und wer hier und da heimlich vorausblättert, befindet sich in guter Gesellschaft: »merkwürdigerweise überspringt man bei jeder erneuten Lektüre niemals die gleichen Stellen.«*** Das könnte daran liegen, dass auch bei Proust selbst Schein und Sein nicht

* Ernst Bloch, *Das Prinzip Hoffnung*, Frankfurt a. M.: Suhrkamp, 1985, S. 1053 f.

** Brief vom 6. März 1948 an Nancy Mitford, in: Charlotte Mosley (Hrsg.), *The Letters of Nancy Mitford and Evelyn Waugh*, London: Sceptre, 1997, S. 93.

*** Roland Barthes, *Le Plaisir du Texte*, Paris: Éditions du Seuil, 1973, S. 22.

immer oder womöglich gar immer nicht kongruent sind: Was sich heute noch als staubtrockenes Philosophieren liest, wirkt morgen plötzlich wie eine Parodie auf Proust von Proust. Für diesen Dreh ins Selbstironische liefert Albertines Eiskrem-Eloge am Ende von »Mmmm, lecker« ein markantes Beispiel, wo der Erzähler mit Missfallen zur Kenntnis nimmt, dass sie redet wie er selbst schreibt – schlimmer noch: dass sie ihm vorführt, wie er einmal schreiben wird. Und diese Fähigkeit zur Selbstironie macht einem dann auch den Autor ebenso sympathisch wie seine Schöpfungen, angefangen vom untadeligen Saint-Loup bis hinunter zum Lumpenhund Morel – die dann auch ganz folgerichtig miteinander anbändeln: die »coincidentia oppositorum«, dieses europäische Yin-und-Yang, die Verschmelzung der Gegensätze, ist einer der fruchtbarsten Böden für das Gedeihen von Ironie. In Prousts Text findet dies fast völlig unmerklich auch in kleinstem Detail seinen Niederschlag, so in seinem Hang zu der widersprüchlichen Wendung »sans doute«, denn wem kommen nicht unverzüglich Zweifel, wenn ihm etwas als »zweifellos« untergejubelt werden soll?

Ich hoffe, dass Sie nun, nach diesem kleinen »Amuse-Gueule«, in Albertines Schlachtruf »Mmmm, lecker!« ausbrechen werden, wenn das Hauptgericht auf den Tisch kommt: Die *Suche nach der verlorenen Zeit*.

Eine kurze Zeittafel

> »Ich erinnere mich noch recht gut an sein Aussehen und Auftreten: Ein dunkler, blasser Mann von knapp vierzig Jahren, mit schwarzen Haaren und Schnurrbart; sehr eigen, weltmännisch; ein Ästhet, würde man sagen; körperlich eine ideale Figur für Bunthorne [Gestalt in der komischen Oper *Patience* von Gilbert und Sullivan]; er verdrehte ständig seinen Körper, seine Arme und Beine in absonderlichen Biegungen in der Art von [Premierminister] Lord Balfour, wie ich Lord Balfour in den Restaurants ausländischer Hotels habe beobachten können. Ich würde ihn nicht als schüchtern bezeichnen; ich würde eher sagen, dass er durchaus selbstbewusst war. Obwohl er damals nur ein einziges Buch publiziert hatte, *Les Plaisirs et les Jours* – und das vierzehn Jahre zuvor –, und obwohl das Buch keinen Erfolg beim Publikum hatte, war Proust 1910 ohne Zweifel ein ausgemachter Salonlöwe. Er saß am Tisch der Gastgeberin und führte das große Wort, und alle Gäste fanden ihn interessant.«
>
> (Arnold Bennett)

10. Juli 1871 Proust wird im Haus seines Onkels Louis Weil in Auteuil bei Paris geboren. Seine Mutter, Jeanne Weil, war jüdischer Herkunft, konvertierte aber trotz ihrer Hochzeit mit dem katholischen Arzt Adrien Proust nicht zum Katholizismus. Marcel Proust dagegen wurde getauft und firmiert; dennoch dürften jüdische Kulturgüter auf ihn übergegangen sein, nicht zuletzt auch von seiner von ihm sehr geschätzten Großmutter Amélie Weil geb. Bernkastel ausgehend, die noch Deutsch sprach (die Eltern von Amélie waren aus Deutschland eingewandert). Die Sonderrolle der jüdischen und der homosexuellen Teilbevölkerung innerhalb der französischen Gesellschaft interessierte und bewegte Proust also aus doppelter Betroffenheit, die ihren Niederschlag auch in der *Suche* und insbes. in *Sodom und Gomorrha* findet. Beide elterlichen Familien waren wohlhabend, und Prousts Vater genoss als Hygiene-Berater verschiedener Regierungen Ansehen und ein ansehnliches Einkommen. Wenn Marcel knappgehalten wurde, dann also nicht, weil es am Nötigsten gefehlt hätte.

Ostern 1878 Proust verbringt mit seinen Eltern und seinem zwei Jahre jüngeren, einzigen Geschwister Robert die Osterferien bei seiner Tante väterlicherseits (im Roman zwei Tanten mütterlicherseits) in Illiers (etwa 80 km südlich von Paris), das sich weitgehend als »Combray« in der *Suche nach der verlorenen Zeit* niedergeschlagen hat und sich deshalb heute Illiers-Combray nennt.

Sommer 1881 Proust hat seinen ersten Asthmaanfall, ein Leiden, das seine schulischen Leistungen beeinträchtigt (sehr beeinträchtigt) und sich im Laufe der Jahre verschlimmern wird; es trägt schließlich auch zu seinem frühen Tod und zu seiner skeptischen Haltung gegenüber der Medizin bei.

Oktober 1882 Proust tritt in die Quinta des Lycée Fontanes ein, später umbenannt in Lycée Condorcet, ein Gymnasium für die Sprösslinge der oberen Zehntausend, an dem er sich mit zahlreichen Mitschülern anfreundet, die aus bestem Hause stammen, etwa Bertrand de Fénelon, Daniel Halévy oder insbesondere Jacques Bizet, dessen Mutter, Mme Straus, ihm den Zugang zu den wichtigsten Pariser Salons eröffnet.

November 1889 Wehrdienst bis 14. November 1890.

1892/93 Proust beteiligt sich mit seinen ehemaligen Schulfreunden an verschiedenen Zeitschriften-Projekten und erwirbt so die erste literarische Gelenkigkeit.

1894 Beginn der Dreyfus-Affäre, die eine Woge von Antisemitismus in der französischen Gesellschaft nach sich zieht. In diesem Jahr lernt Proust Lucien Daudet kennen, den er anhimmelt, sowie den Komponisten Reynaldo Hahn, mit dem ihn eine lebenslange zärtliche Freundschaft verbindet.

1895–99 Proust arbeitet an dem Romanprojekt *Jean Santeuil*, das er aber schließlich aufgibt, vermutlich, weil der Versuch, eine sehr persönliche, introspektive Erzählung einem »er« zuzuschreiben, fast zwangsläufig zu unüberbrückbaren Widersprüchen führt: wer sich selbst meint, sollte auch »Ich« schreiben. Er übersetzt stattdessen bis 1901 Ruskins *The Bible of Amiens* und arbeitet 1904 bis 1906 an der Übersetzung von Ruskins *Sesame and Lilies*.

1905 Prousts Mutter stirbt, was im Allgermeinen als ein traumatisches Ereignis angesehen wird, das ich aber auch als eine Erlösung deute: zwar gefiel es Proust seinem Briefwechsel mit der Mutter* zufolge, von Maman beherrscht zu werden, lieber aber hätte er sich noch von einem ansehnlichen jungen Mann beherrschen lassen, was mit Maman nicht so ohne Weiteres zu vereinbaren war, die zwar »wusste«, aber nur »ohne zu wissen«. Hypokrisie ist keine Frage des Datums.

1908 Proust beginnt mit dem Essay *Contre la méthode de Sainte-Beuve*, eine Stellungnahme gegen den Ansatz des Literaturkritikers Sainte-Beuve, Werke von ihren Autoren her zu beurteilen, die sich jedoch zunehmend zur Novelle entwickelt. Die Arbeit bleibt unvollendet, bildet

* Für eine Auswahl siehe Helga Rieger (Übers./Hrsg.), *Briefwechsel mit der Mutter*, Frankfurt a. M.: Suhrkamp, 2002.

jedoch eine wichtige Vorstufe zur *Suche nach der verlorenen Zeit*; insbesondere macht hier die berühmte Madeleine ihren ersten Auftritt als Zwieback verkleidet.

1909 Proust beginnt mit dem zuweilen auf zwei, zuweilen auf drei Bände veranschlagten Romanprojekt *À la recherche du temps perdu*, das er 1912 verschiedenen Verlegern anbietet, die jedoch entweder dem Werk verständnislos (Ollendorf) gegenüberstehen, oder aber dem Autor ablehnend (André Gide bei der *Nouvelle Revue Française*). Schließlich schlägt Proust dem Verleger Grasset vor, die Kosten selbst zu tragen, was sich dieser nicht zweimal sagen lässt.

14. November 1913 Endlich, nach endlosen Fahnenkorrekturen, erscheint *Du côté de chez Swann* (*Auf dem Weg zu Swann*) und findet eine zwiespältige Resonanz: während etablierte Großkritiker wie Paul Souday mit Prousts Stil überfordert sind, zeigt sich der einstige Gegner André Gide nun überwältigt und lockt Proust 1916 in die Arme der *Nouvelle Revue Française* und ihres Verlegers Gaston Gallimard, in die es ihn von Anfang an gezogen hatte.

1918 Wegen des Ersten Weltkriegs hatte Gallimard die Publikation des zweiten Bandes aufgeschoben; Proust nutzte die Zeit und machte praktisch aus jedem Kapitel dieses ursprünglichen zweiten Bandes einen neuen

Band, insbes. aus dem Kapitel *À l'ombre des jeunes filles en fleurs* (*Im Schatten junger Mädchenblüte*) den gleichnamigen Band, der gleich nach Kriegsende erscheint.

1919 Proust gewinnt den Prix Goncourt für *Mädchenblüte*, was aber in der Presse auf heftige Kritik stößt, die die Thematik als wenig angemessen für die Nachkriegssituation Frankreichs empfindet.

1921/22 Die Bände III und IV (*Le Côté de Guermantes / Der Weg nach Guermantes* und *Sodome et Gomorrhe / Sodom und Gomorrha*) der *Suche* erscheinen.

18. November 1922 Proust stirbt an einer Lungenentzündung, die durch sein Asthma verkompliziert wurde.

1923/26/27 Die Bände V–VII der *Suche* erscheinen postum (*La Prisonnière / Die Gefangene*, *La Fugitive / Die Entflohene* und *Le Temps retrouvé / Die wiedergefundene Zeit*). Zu Bd. V hatte Proust noch selbst die Fahnen korrigiert; Bd. VI und VII wurden von Robert Proust und vom Lektor der *Nouvelle Revue Française*, Eugène Fasquelle, aus dem Nachlass herausgegeben, wobei zu Bd. VII immerhin die Reinschrift des ursprünglich (also 1913) geplanten zweiten Bandes und damit eines großen Teils des neuen siebten Bandes zur Verfügung stand. Die *Entflohene* dagegen wurde erst 1915/16 in Grobskizzen in Angriff genommen, die über die verschiedensten

Entwurfshefte verteilt sind, die im Laufe der Zeit mit eingelegten oder eingeklebten Zetteln gespickt wurden. Entsprechend desolat war die Situation bei Erstellung des Textes des sechsten Bandes. Gerade hier haben neuere Forschungen eine Rekonstruktion ermöglicht, die teilweise erheblich von der Textfassung der Erstausgabe oder auch der alten Pléiade-Ausgabe von 1954 abweicht und die schwerpunktmäßig die neue Pléiade-Ausgabe von 1987 erforderlich machte.

Ein paar Bemerkungen

> Die Marquise von Villeparisis ließ sogar gewisse Bemerkungen fallen wie: »Oh!, der Adel heutzutage, was ist das schon!«
>
> (*Im Schatten junger Mädchenblüte*, S. 386).

S. 2: Die Karikatur stammt von Laurent Blachier, www.laurentblachier.com.

S. 6 f.: Die Abbildung stammt aus dem Auktionskatalog *Bibliothèque Jacques Guérin, septième partie: Livres et manuscrits importants*, Paris, 20. Mai 1992. Der vollständige Text ist in *Proust épistolier* von Martin Robitaille abgedruckt (Presses Universitaires de Montréal, 2003).

S. 8: Über den Echtheitsstatus dieser Aufnahme war nichts Näheres zu erfahren; da sie aber bereits von einer bedeutenden deutschen Tageszeitung als genuin reproduziert wurde, befindet sie sich zumindest auf dem Wege zum Dokumentenstatus. An der Wand hinter Proust oder »Proust« ein Porträt von Françoise, doch leider nur der Françoise von La Rochefoucauld, gemalt von Lucien Lévy-Dhurmer. © Lebrecht Music and Arts Photo Library / Alamy Stock Foto.

S. 9: Text aus *Auf dem Weg zu Swann*, Reclam 2013, S. 80–86.

S. 16: Aus dem Netz. Ein Copyright für diese sehr bekannte Aufnahme ist nicht mehr feststellbar.

S. 17: Brief vom Sommer 1915 an Prousts Nachbarin, Madame Williams, die im vierten Stock wohnte, Proust im zweiten. Dazwischen befand sich die Praxis des Zahnarztes Dr. Charles D. Williams, des Gatten der Adressatin. Übersetzt aus: *Lettres à sa voisine*, hrsg. von Estelle Gaudry und Jean-Yves Tadié (Paris: Gallimard, 2013).

S. 19: Aus einem Brief vom 1. April 1907 an Madame Straus. Die bauwütige »Kuh« ist eine Madame Katz, die auch schon in einem Brief von Mitte März an Mme Straus eingehend gewürdigt wurde. (Correspondance de Marcel Proust, hrsg. von Philippe Kolb, 21 Bde., Paris: Plon, 1971–93, Bd. VII, Nr. 71 und Nr. 53.)

S. 20: Auch diese Aufnahme gehört zum bekannten Fundus. Ich habe die spezielle Kopie, die überarbeitet worden zu sein scheint, aus *Le Paris retrouvé de Marcel Proust*, Paris: Éditions Parigramme, 2005.

S. 21: Text aus *Der Weg nach Guermantes*, Reclam 2014, S. 344–354.

S. 34: Diese Montage, der dennoch das Essentielle fehlt (von den Strandschnecken bis zu den Möhren), ist eine von mehreren Proust-Fotomontagen von Gérard Bertrand (www.gerard-bertrand.net). Wir freuen uns über die Genehmigung zur Wiedergabe.

S. 35: Text aus *Die Gefangene*, Reclam 2015, S. 153–157, ein Satz von S. 160, und S. 167–171. Bei den feilgebotenen Waren wurden textbedingte Anpassungen vorgenommen: statt Artischocken Pflaumen, statt Römersalat Feigen.

S. 48: Proust als Zwölfjähriger im Parc Monceau mit dem (vermutlichen) Hassobjekt. Eine sehr reizvolle Umsetzung der Hut-Affäre als Comic-Strip durch den Karikaturisten James Stevenson, die der *New Yorker* vom 29. Januar 1972 abdruckte und die sich hier leider aus Formatgründen nicht reproduzieren lässt, findet sich im Internet. Die Aufnahme stammt aus dem Auktionskatalog zur Versteigerung der Collection Mante-Proust am 31. Mai 2016 bei Sotheby's Paris.

S. 49: Text aus *Der Weg nach Guermantes*, Reclam 2014, S. 741–749.

S. 60: Brief an die Mutter vom 6. Dezember 1902, in: *Correspondance*, Bd. III, S. 190. – Es scheint, dass Maries Besuche in Prousts Schlafzimmer Maman nicht ganz geheuer waren, insbesondere, als Céleste Albaret berichtet, dass Marie jung und hübsch gewesen sei.

S. 62: Text aus *Auf dem Weg zu Swann*, Reclam 2013, S. 204 f.

S. 64: Text aus einem Brief an Reynaldo Hahn vom März 1911, in: *Lettres à Reynaldo Hahn*, hrsg. von Philippe Kolb, Paris: Gallimard, 1956, S. 204.

S. 66: Zeichnung Prousts aus einem Brief an Reynaldo Hahn vom 4. Oktober 1908, in: *Lettres à Reynaldo Hahn*, S. 159.

S. 67: Brief an Jacques Porel, nach dem 15. Juli 1919; in: *Correspondance*, Bd. XVIII, S. 330 f., wo allerdings der Teil nach »Notre-Dame« unterdrückt wurde. Dieser findet sich in Bean-Yves Tadiés *Marcel Proust. Biographie* auf S. 817 (dt. Übers. S. 821). – Porel war der Sohn der Schauspielerin Réjane, in deren Haus in der Rue Laurent-Pichat

Proust von Juni bis Oktober 1919 wohnte; Porel wohnte im gleichen Haus. – Mit »aber ich habe sie ja beschrieben« spielt Proust auf eine Passage in *Der Weg nach Guermantes* an, S. 117: »Mein Ankleidezimmer [in Doncières] war mit einer feuerroten Tapete bespannt, die mit schwarzen und weißen Blumen übersät war, an die ich mich, sollte man meinen, nur schwerlich würde gewöhnen können.« Die Anspielung auf Michelet bezieht sich auf dessen *La Mer*, insbes. S. 435 f. in den *Œuvres complètes* (Bd. 29, Paris: Flammarion, 1893–98), wo sich der Vergleich balzender Wale mit den Türmen von Notre-Dame findet.

S. 69 Die Abbildung stammt aus einem Brief an Reynaldo Hahn bzw. aus Philippe Sollers' *L'Œil de Proust. Les dessins de Marcel Proust*, Paris 1999, S. 66, der den Brief leider nicht näher identifiziert.

S. 70: Auch diese Aufnahme – die ich, als ich sie das erste Mal gesehen habe, für eine Montage gehalten hatte – gehört längst zur Public Domain. Der hier wiedergegebene, besonders gute Scan stammt von der Webseite geoffwilkins.net. – Um nicht zu herzlich schlechten Bedingungen eingezogen zu werden, meldete Proust sich 1889 freiwillig zum Militär und diente von Mitte

November an für ein Jahr im 76. Infanterieregiment in Orléans. Bei der abschließenden Beurteilung der 64 Offiziersanwärter des Regiments errang Proust den 63. Platz mit dem Vermerk: »Kann nicht schwimmen« (*Correspondance* I, S. 162, Anm. 1).

S. 71: Text aus *Der Weg nach Guermantes*, S. 123–125.

S. 75: Brief von Maman an Marcel vom 12. September 1889, in: *Correspondance*, Bd. I, S. 135 f. – Dyspepsie: Sammelbegriff für alle möglichen Magenleiden und Verdauungsstörungen.

S. 76: Randverzierung in einer der Kladden zu *Le côté de Guermantes* (Cahier 44, fol. 71, Paris, Bibliothèque Nationale, NAF 16684). – Da »Pony« Reynaldo Hahns Kosename für Marcel war, dürfte »Toi« hier Reynaldo meinen. Die Sache mag (inkl. der Peitsche) erotische Hintergründe haben, aber auch einfach darauf zurückgehen, dass Reynaldo in der Rue du Cirque (›Zirkus-Straße‹) wohnte. Die Sie-Form des folgenden Briefes spricht eher für letztere These.

S. 77: Brief an Reynaldo Hahn vom 16. September 1894 aus dem Hôtel Roches noires in Trouville, in: *Lettres à Reynaldo Hahn*, S. 24. – Jack l'éventreur:

»Jack der Bauchaufschlitzer« bzw. »Jack the Ripper«. – Louis le Hutin: »Ludwig der Zänker«, d.i. König Ludwig X. (1289–1316), der von Kindesbeinen an für seine Aufsässigkeit und Streitsucht berüchtigt war.

S. 79: Brief vom 8. Februar 1907 an Reynaldo Hahn, in: *Lettres à Reynaldo Hahn*, S. 130 f. – Die Verschreibungen sind nicht etwa meine Tippfehler, sondern mein Versuch, die neckische Orthographie Prousts – in seinen Worten: »lansgage moschant« – in seinen Briefen an Reynaldo Hahn nachzubilden.– Der König: Edward VII. – Bize: Maurice Bize (1870?–1962), schwerpunktmäßig Kinderarzt (deshalb die Bemerkung über das Verständnis der Kinder), aber auch Prousts langjähriger, langmütiger Arzt, dem er widerspruchslos widersprechen konnte – der sich allerdings, sofern man Prousts spöttische Bemerkungen über Ärzte in der *Suche* auf Bize beziehen darf, auch gern selbst widersprochen hat. – Reské: Jean de Reszke (1850–1925; frz. auch »Reszké«), bedeutender Operntenor polnischer Herkunft, der ab 1884 schwerpunktmäßig und ab 1901 gänzlich in Paris lebte; heute völlig vergessen, weil er Schallplattenaufnahmen ablehnte. – »Noch vor August, mein Ehrenwort als Tier«: Zitat aus La Fontaines Fabel von der Grille und der Ameise: »Donnez-moi quelque grain pour subsister / Jusqu'à la saison nouvelle. / Je vous paierai, lui dit-elle, / *Avant l'Août, foi d'animal.*« (»Gebt mir ein paar Körner, um zu überleben / Bis zur nächsten Saison. / Ich zahl' es Euch zurück, so sagte sie zu ihr, / *Noch vor August, mein Ehrenwort als Tier.*«)

S. 80: Aus einem Brief an Reynaldo Hahn vom 15. oder 16. November 1906 (in: *Correspondance*, Bd. VI, S. 283). – Was die Kommentatoren unserer Tage wirklich einmal anmerken sollten: Jungfrau von Avila: ein Stück von Catulle Mendès (1841–1909), das am 10. November mit Sarah Bernhardt in der Titelrolle (Santa Teresa, 1515–1582) am Théâtre Sarah Bernhardt Premiere hatte und zu dem Reynaldo Hahn die szenische Musik komponierte; Hahn schrieb später eine Biographie der Bernhardt. Santa Teresas »Transverberation« bildete die Inspiration für Prousts Wortschöpfung »Transvertébration« in *Combray*. – Mamila: Mamilla, jedoch des Reimes wegen. – Meterlinc: des »lansgage« wegen; der Nobelpreisträger für Literatur Maurice Maeterlinck (1862–1949) war im Nebenberuf ein anerkannter Bienenzüchter und -forscher (*La Vie des Abeilles*, 1901; deutsch: *Das Leben der Bienen*, 1901). – Hymettos: Berg bei Athen, der für seine

Bienenzucht berühmt war; dass »Honig träuft in des Hymettos Gauen« beobachtete Lord Byron in *Childe Harold's Pilgrimage* (1812–18; Canto II, Vers 822; dt. von Adolf Böttger); Erhart Kästner dagegen hat »von jeher das Wort Hymettos um seines schmetternden Wohllauts willen geliebt« (*Ölberge, Weinberge*, Frankfurt a. M.: Insel-Verlag, 1953; S. 83).

S. 82: Brief an Reynaldo Hahn vom 9. September 1904, in: *Lettres à Reynaldo Hahn*, S. 74. – Marie (Nachname unbekannt), Félicie Fitau: Hausangestellte der Prousts. – Guich: Armand de Guiche, Physiker und Freund Prousts. – Luderch: vermutl. Comte Fery de Ludre (1875–1915), mit dessen Familie Proust bekannt war. – Loch: Loche, d. i. Léon Prinz Radziwill, reicher Landedelmann und Freund Prousts. – Bri: vermutl. Comte Marie »Jacques« Herbrand de Briey (1866–1940), mit dessen Familie Proust bekannt war. – »euch« ist wohl »ache« = H auf Langasgisch: Die Skizze ist übersät mit Reynaldo Hahns Initialen RH. – Legras-Pulver: hat trotz des Namens mit Gras nichts zu tun, obwohl es ebenfalls angezündet und inhaliert werden soll – um Asthmatikern die Atmung zu erleichtern. Prousts Manuskripte rochen noch 1935 danach. Außerdem rauchte Proust Asthmatiker-Zigaretten. Kein Wunder, dass er keine hohe Meinung von der Medizin hatte.

S. 84: Zeichnung aus einem Brief an Reynaldo Hahn vom 4. Oktober 1908, in: *Lettres à Reynaldo Hahn*, S. 159.

S. 85: Text aus *Im Schatten junger Mädchenblüte*, Reclam 2014, S. 35–53, plus ein Satz (der mit dem Pudding) von S. 55 f. – Der Botschafter Camille Barrère, der mit Prousts Eltern befreundet und auch gelegentlich in Prousts Jugendzeit bei ihnen zu Gast war, erkannte sich in Norpois wieder und war nicht amüsiert – Proust jedoch durchaus: »[…] dabei ist Monsieur de Norpois genau der entgegengesetzte Typ des Diplomaten, wenn auch genauso abscheulich« (Brief vom 5. oder 6. August 1922 an Benjamin Crémieux, in: *Correspondance,* Bd. XXI, S. 403). Norpois' Börsen-Empfehlungen (»russische Vierprozenter«) werden sich nach der russischen Revolution genauso als Flop erweisen wie Prousts tatsächliche Anlagen, die er wohl eher ihrer Exotik und der Schönheit ihrer Zertifikate wegen auswählte (besonders schlimm seine mexikanischen Vierprozenter, die er 1910 kurz vor dem Ausbruch der bzw. einer Revolution kaufte), als nach kaufmänischem Kalkül.

S. 110: Madeleine Lemaire (1845–1928): *Allégorie de L'Automne. La duchesse de Gramont présente un étalage de fruits et de gibier*. Privatbesitz. Scan von theaujasmin.blogspot.com. – Proust war häufiger Gast bei Madeleine Lemaire, die einen bedeutenden Salon in der Rue Monceau unterhielt, wie auch bei der Herzogin Marguerite-Alexandre Agénor de Gramont, geb. Baronin von Rothschild (1855–1905), mit deren Kindern, der Marquise Corisande verh. de Noailles und dem Herzog Armand de Guiche, Proust befreundet war.

S. 111: Der Text enstammt der Manuskript-Sammlung Mante-Proust, wiedergegeben in: *Cahiers Marcel Proust* 10 (1982): *Poèmes*, S. 58. – Mit »Suzette« ist zweifellos Madeleine Lemaires Tochter gemeint; dass der Hund jedoch nur mittwochs kläfft, ist verwunderlich, da Madame Lemaire dienstags empfing. Ob womöglich die »froide« Suzette mittwochs für Proust zu sprechen war? Vielleicht sind Proust aber auch nur die Mittwoche von Madame Verdurin in die Quere gekommen, die ja so manches (nur eben nicht den Wochentag) von Madame Lemaire geerbt hat. – Mit »Beulé« muss der Witwer Max von Madame Beulé, geb. Chauvin, gemeint sein, auf die Proust einmal in einem Brief an Montesquiou (*Correspondance*, Bd. XI, S. 63) anspielt und die 1899 gestorben ist. Aus dem Nachlass von Max Beulé wurde 1918 eine sehr edle »Cave à liqueur« (etwas für den »upwardly mobile drinker«) versteigert, ein Holzköfferchen mit geschliffenen Kristall-Flacons und -Gläsern, was man als ein Indiz für Partyphilie deuten könnte. Zuweilen wird auf den Archäologen Charles-Ernest Beulé verwiesen, der jedoch schon 1874 gestorben ist und sich also schon länger als Gaston an keiner Feier mehr beteiligt. – Germiny: der Schauspieler, Autor von Opernlibretti (*La première fredaine*) und spätere Schwiegersohn von Madeleine Lemaire, Comte Marcel Le Bègue de Germiny (1848–1941), der unter dem Pseudonym Maxime Gray schrieb. – Ganderax: Charles-Étienne-Louis Ganderax (1855–1940), Journalist, Theaterkritiker und Mitherausgeber der angesehenen Literaturzeitschrift *Revue de Paris*. – Brinquand: vermutl. der Zeichner, Kunstsammler und Pferdenarr Victor Brinquant (1878–1935), dessen wesentlichstes Merkmal zu sein scheint, dass seine Tochter Ghislaine (1918–2011) den Prinzen Edmond Jean Henri Marie de Polignac (1914–2010) geheiratet hat, was immerhin darauf hindeutet, dass sich auch schon der Vater in exklusiven Zirkeln bewegte. – Aus poetischen Gründen ist Michelangelo in der Übersetzung der Engel verloren gegangen. Lost. Perdu. – Syrinx: Blasinstrument ähnlich der Panflöte. – Mirliton: Kindertröte. – Musette: Oboe; auch Dudelsack.

S. 112: Ausschnitt aus Vermeers Gemälde *Die Malkunst* (1664/68 oder 1673). – Das hübsche junge Mädchen ist die Muse Klio, die nach der Ikonographie der Zeit den Thukydides in Händen hält, den Grundstein aller Geschichtsschreibung (genau, deren Muse Klio ist, und nicht etwa der Geschichte selbst, aber so pingelig wollen wir hier mal nicht sein). Den »auvent«, das Wetterdach, hält sie übrigens nach seiner Metamorphose zum Blasinstrument (»instrument au vent«) in der anderen Hand.

S. 113: Der Text stammt aus *Die Gefangene*, Reclam 2015, S. 249 f.

S. 116: Proust in Évian 1905 vor dem Hôtel Splendide, wohin er seine moribunde Mutter zur Kur begleitete. Sie starb kurz nach der Rückkehr.

S. 117: Brief an den Hund von Reynaldo Hahn. Text aus der *Correspondance,* Bd. X, S. 372 f.; von Kolb auf »kurz nach dem 3. November 1911« datiert. – Hebr. *ha Zadique* (Transkription schwankend), ›der Weise‹; Hahn war wie Proust Halbjude. – *Zadig ou la destinée – Histoire orientale* (»Zadig oder das Schicksal – eine orientalische Erzählung«) ist der Titel eines philosophischen Essays (1747) von Voltaire. Offenbar hatte es ernsthaften Stunk im Hause Hahn/Proust gegeben, denn mit neckischer Orthographie ist schon nach den ersten paar Zeilen Schluss. Mit dem »Lösegeld« ist der Kaufpreis für Zadig gemeint, für den sich Proust schon im Juli erboten hatte (s. *Correspondance*, Bd. X, S. 312).

S. 119: Text aus *Les Catiers Marcel Proust*, H. 10: »Les Poèmes«, S. 91. – Hidalgo von Este-Modena: Francesco I. d'Este, Herzog von Modena (1610–1658), Feldherr im Dreißigjährigen Krieg auf der Seite Spaniens und Kunstmäzen. Von Velasques anlässlich seines Besuches in Madrid 1638 in schwarzer Rüstung vor fast schwarzem Hintergrund porträtiert. Er wurde für seinen Mut und seine hohen moralischen Standards gerühmt.

S. 120: Die Zeichnung stammt aus dem Cahier 6 (fol. 68r; NAF 16646) von 1909 zu *Combray* – insofern ist das Wortspiel mit den »Tanten« doch recht plausibel! Allerdings besteht kein Zusammenhang zu dem Text daneben (in der Ausgabe der *Recherche* von Tadié Bd. I, 1987, S. 738, Zeile 13 bis zum Ende der Esquisse XXVII).

S. 121: Der Text stammt aus *Auf dem Weg zu Swann*, Reclam 2013, S. 36–41 und 52 f. – Mit »Tanten« sind die beiden Schwestern der Großmutter mütterlicherseits des Erzählers gemeint, mit »Großtante« eine Cousine des Großvaters mütterlicherseits. Prousts Großmutter mütterlicherseits, Adèle Weil, hatte zwei Schwestern, Amélie Weil und Ernestine Mayer; eine Cousine des Großvaters wäre allerdings kaum dingfest zu machen, da die Verwandtschaft auch über eine der beiden oder gar drei (sukzessiven) Ehefrauen des Urgroßvaters Baruch Weil gestiftet sein könnte. Im Übrigen war Proust in Illiers, das hinter Combray steckt, bei der Schwester Élisabeth verh. Amiot seines Vaters zu Gast.

S. 132: Zeichnung von Jean Cocteau, um 1920 (Maison Jean Cocteau, Milly-la-Forêt). © VG Bild-Kunst, Bonn 2016. Es ist umstritten, was sich in der Flasche befindet.

S. 137: Das Personenprofil stammt von dem in Großbritannien erfolgreichen Schriftsteller und angesehenen Kritiker Arnold Bennett (1867–1931), der sich in *Things That Have Interested Me* (Third Series, London: Chatto & Windus, 1926, S. 196 f.) an eine Begegnung mit Proust bei einem Weihnachtsdiner bei Madame Edwards, geb. Maria Sophie Godebska, erinnert. In Prousts Welt klebt an jedem Swann ein anderer dran: Maria Sophie Godebska (1872–1950), die »Königin von Paris« und leichte Muse der Belle-Époque-Salons, heiratete 1887 den Gründer der Kunstzeitschrift *La Revue Blanche*, Thadée (Tadeusz) Natanson (1868–1951), und nach ihrer Scheidung 1905 in zweiter Ehe den Milliardär und Gründer der Wirtschaftszeitung *Le Matin*, Alfred Edwards (1856–1914) (dessen fünfte Frau, die Schauspielerin Geneviève Lantelme, 1911 unter mysteriösen Umständen im Rhein ertrank). Ab 1908 lebte Madame Edwards mit dem in der spanischen Kunstszene führenden Maler Josep (José) Maria Sert (1874–1945) zusammen, den sie 1920 heiratete und unter dessen Namen sie als Misia Sert Bekanntheit als Kunstmäzenin erlangte. Josep Sert schuf 1914 für die Pariser Oper das Bühnenbild zum Ballett *Josephs Legende* (*La Légende de Joseph*) von Richard Strauss in der Einrichtung von Diaghilev mit Nijinski in der Titelrolle und mit Kostümen von Fortuny, das Proust besuchte und auf das er in der *Suche* anspielt. Fortuny lieferte die Kleider für die Herzogin von Guermantes wie auch den blauen Mantel für Albertine, den Marcel in Venedig in einem Gemälde von Carpaccio wiedererkennt. Außerdem war Fortuny der Schwippschwager der Schwester Maria von Reynaldo Hahn, mit dessen Großkusine Marie Nordlinger zusammen Proust Ruskins *Sesame and Lilies* übersetzte, das in *Die wiedergefundene Zeit* zum Schlüsselwort für Jupiens Männerbordell wird, hinter dem (sogar die Adresse stimmt überein) Albert Le Cuziats Etablissement »Hôtel Marigny« in der Rue de l'Arcade steckt, wo 1918 anlässlich einer Polizei-Razzia Prousts Personalien aufgenommen wurden …